2週間で攻略！

イギリス英語の
音読ゼミ

小川直樹 著

コスモピア

はじめに

　この本はもともと、コスモピアの『多聴多読マガジン』の2022年2月号に載せた特集記事「上品な英語がわかる！ イギリス英語の1週間講座」が基になっています。その記事が好評だったことから、本書が生まれました。

　その一方で、僕は研究社から『イギリス英語で音読したい！』という本を2020年に出しています。その流れもあり、本書が音読の本として出版されることになりました。

　では、本書は、先に出版された『イギリス英語で音読したい！』と何が違うのでしょう。正直なところ、同じ「音読」と付く本でありながら、あらゆる面で違います。

　あちらは、いくつもの文学作品を取り上げ、すべての文一つ一つに説明を加え、リズムやイントネーションの表示も付けました。最初から最後まで、どこを取っても同じ切り口です。どこからでも学べる本なのです。

　こちらは、段階を追って音読を学ぶシステムです。一文毎に説明を付けたり、リズムやイントネーションの表示を付けたりはしていません。その代わり、前半で基本的な発音をみっちり練習することになっています。まず基本の修行を積み、後半で文章の音読をするという、流れになっています。

　また、あちらで扱うのは、ほぼ文学作品のみです。こちらは、文学作品（大衆小説？）としては、シャーロック・ホームズと『不思議の国のアリス』のみ。あとは有名人のスピーチと朗読が題材です。様々な英文を音読してみよう、というものです。

　そもそも、英語を声を出して読むというのは、とても優れた英語学習法です。だからこそ、スピーチであろうと、文学作品であろうと、ニュースや天気予報であろうと、何でも音読すべきなのです。

ただ、日本で英語学習法として行われている音読では、発音がひどく軽んじられています。実際、多くの「音読」を標榜する本は、発音の説明が貧弱です。これではいくら音読しても、発音が良くなるどころか、ジャパニーズイングリッシュの癖や自己流の英語の癖が強化されていくばかりです。

　本書は、単語から始まって、文章のレベルまで、とにかくBE（イギリス英語）らしい発音に注目してもらうよう工夫されています。この意識を持ちながら英文を音読すると、音声表現に敏感にならざるを得ません。これは、英文を細かく丁寧に見ていくことにつながります。

　丁寧に英語を読んでいくからこそ、話者や書き手、あるいは登場人物の気持ちが感じられるのです。本書を使って勉強していけば、普通の日本人英語学習者では感じられない細かいレベルまで、いろいろなことを英語を通して感じられるようになるでしょう。

　なお、発音は知識というより身体技能です。より確実に力をつけるには、表題の「2週間」にこだわらず、もっと長い期間にわたって繰り返し学習することをお勧めします。

　本書の完成のために、企画の段階から編集部の塩川誠さんにお世話になりました。発音を扱う本は、通常の本の倍以上に手間がかかります。例えば音声と説明をすり合わせるため、細かな音声の編集も必要です。そういった地道な作業まで辛抱強く行ってくれた塩川さんには、特段に感謝しています。また、坂本由子社長には以前からずっとお世話になってきました。本書を出す機会を与えていただき感謝しております。ありがとうございました。

2022年11月 小川直樹

Contents

1st Week

Day 1　イギリス発音概論

Day 2　イギリス英語の母音①

Day 3　イギリス英語の母音②

Day 4　イギリス英語の母音③

Day 5　イギリス英語の子音

Day 6　イギリス英語の弱母音

Day 7　イギリス英語のリズム

2nd Week

本書の構成

本書は、毎日8ページずつ学習すれば2週間でイギリス英語の発音や音読の概要を学習できるよう、14日分のレッスンで構成されています。発音の基礎を学ぶ前半はPracticeとStep 1-3のパートによって進められ、いよいよ音読を本格的に行う後半はIntroductionとExercise 1-3のパートで成り立っています。

1st Week

最初の1週間はイギリス英語の発音について包括的に学びます。ナレーターは2名（女性：エマ・ハワード、男性：マイケル・リース）で、本文の説明が理解できるよう、わかりやすい発音を採用しています。

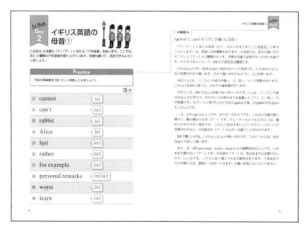

●Practice

まずその日に習うテーマの概要をPracticeで提示してあります。ここで全体像を理解してから、具体的なレッスンであるStep 1～3へと進んでください。

●Step 1-3

Practiceで提示したテーマについて、さらに詳しく掘り下げていきます。下線部の発音に注意しながら、何度も聞いてみてください。

2nd Week

2週間目からいよいよ実際の音読に取り組みます。8〜11日目はナレーター2名による録音ですが、12〜14日目は取り上げたスピーカー本人の声が収録されています。

●Introduction

英文の音読に入る前に、取り上げた英文の背景知識や、音読の心構えを押さえておきましょう。

●Exercise 1-3

音読する英文には、①〜③の空欄が設けてあります。何度もリスニングして、聞き取ってから右ページの解説を読んでみてください。

●自己チェック表

各章（1st Week、2nd Week）の扉は復習用の自己チェック表に
なっています。学習の進行度を記録するのに使ってください。何度
も取り組めるよう、3回分のチェック欄を設けてあります。

●日本語訳

8日目～14日目のExerciseで音読用に使う英文の日本語訳を巻末
に付けてあります。音読する前にチェックし、大まかな内容を理解
しておきましょう。

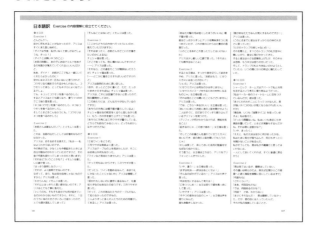

音声を聞くには？

音声をスマートフォンや PC で、簡単に
聞くことができます。

方法1　スマホで聞く場合

面倒な手続きなしにストリーミング再生で聞くことができます。

※ストリーミング再生になりますので、通信制限などにご注意ください。
　また、インターネット環境がない状況でのオフライン再生はできません。

このサイトにアクセスするだけ！

→ https://on.soundcloud.com/184vq

① 上記サイトにアクセス！

② アプリを使う場合は
SoundCloud に
アカウント登録（無料）

方法2　パソコンで音声ダウンロードする場合

パソコンで mp3 音声をダウンロードして、スマホなどに取り込むこと
も可能です。

（スマホなどへの取り込み方法はデバイスによって異なります）

① 下記のサイトにアクセス

https://www.cosmopier.com/
download/4864541855

② 中央のボタンをクリックする

音声は PC の一括ダウンロード用圧縮ファイル（ZIP 形式）でご提供します。
解凍してお使いください。

電子版を使うには？

音声ダウンロード不要
ワンクリックで音声再生！

本書購読者は
無料でご使用いただけます！
音声付きで
本書がそのままスマホでも
読めます。

電子版ダウンロードには
クーポンコードが必要です
詳しい手順は下記をご覧ください。
右下の QR コードからもアクセスが
可能です。

電子版：無料引き換えコード
22014

ブラウザベース（HTML5 形式）でご利用
いただけます。

★クラウドサーカス社 ActiBook電子書籍
（音声付き）です。

●対応機種
・PC（Windows/Mac）　・iOS（iPhone/iPad）
・Android（タブレット、スマートフォン）

電子版ご利用の手順

❶コスモピア・オンラインショップにアクセス
してください。（無料ですが、会員登録が必要です）
https://www.cosmopier.net/

❷ログイン後、カテゴリ「電子版」のサブカテゴリ「書籍」をクリックして
ください。

❸本書のタイトルをクリックし、「カートに入れる」をクリックしてください。

❹「カートへ進む」→「レジに進む」と進み、「クーポンを変更する」をクリック。

❺「クーポン」欄に本ページにある無料引き換えコードを入力し、「登録する」を
クリックしてください。

❻０円になったのを確認して、「注文する」をクリックしてください。

❼ご注文を完了すると、「マイページ」に電子書籍が登録されます。

基本の発音を
練習しよう！

1st Week

我流で読むクセをなくすため、まずは発音の基礎を学びます。
下記のチェック欄は復習する際の記録用にご活用ください。

Day 1　イギリス発音概論

Practice	Step 1	Step 2	Step 3
☐ ☐ ☐	☐ ☐ ☐	☐ ☐ ☐	☐ ☐ ☐

Day 2　イギリス英語の母音①

Practice	Step 1	Step 2	Step 3
☐ ☐ ☐	☐ ☐ ☐	☐ ☐ ☐	☐ ☐ ☐

Day 3　イギリス英語の母音②

Practice	Step 1	Step 2	Step 3
☐ ☐ ☐	☐ ☐ ☐	☐ ☐ ☐	☐ ☐ ☐

Day 4　イギリス英語の母音③

Practice	Step 1	Step 2	Step 3
☐ ☐ ☐	☐ ☐ ☐	☐ ☐ ☐	☐ ☐ ☐

Day 5　イギリス英語の子音

Practice	Step 1	Step 2	Step 3
☐ ☐ ☐	☐ ☐ ☐	☐ ☐ ☐	☐ ☐ ☐

Day 6　イギリス英語の弱母音

Practice	Step 1	Step 2	Step 3
☐ ☐ ☐	☐ ☐ ☐	☐ ☐ ☐	☐ ☐ ☐

Day 7　イギリス英語のリズム

Practice	Step 1	Step 2	Step 3
☐ ☐ ☐	☐ ☐ ☐	☐ ☐ ☐	☐ ☐ ☐

1st Week
Day 1　イギリス発音概論

1週間目は、長文テキストの音読に入る前に、イギリス英語（BE）の発音レッスンをみっちりと行います。1日目は概論から。学校で習ったアメリカ英語（AE）とは異なる、イギリス英語に特有の発音の特徴とは何なのでしょう？

Practice

次の英語が2回ずつ流れます。下線部に注意しながら聞き、音源にならって発音してみましょう。

 01

---

① I can't put it more clearly.

私はこれ以上ハッキリとは言えません。

---

② We need to work together in order to make the world go round.

世界を動かすために、私たちは協力する必要があります。

---

③ You could not possibly have come at a better time, my dear Watson.

ワトソン君、これ以上ないタイミングで来てくれたね。

|◆解説◆|

アメリカ英語とは異なる、イギリス英語らしい発音とは？

　どこにBEらしさが表れるかを問う問題です。言い換えると、AEとは違う発音になるのはどこか、ということです。なお、どれも後半、8～14日目の本文で使われている英語です。各文とも複数個、特徴が含まれています。

　まず①では、言わずと知れたcan'tがイギリス英語らしい発音です。それ以外に、put it、more、clearlyなどもそうです。

can'tは[kάːnt]です。口を大きく開けて出す「アー」がポイントです。

put itは、つなげて発音します。AEなら、このputのtは、前後の母音の影響で、有声化します（母音は声を出す音です。母音であるuとiに挟まれているので、tでも声が出てしまうのです）。その結果、[d]のような音に変わるというわけです。ところがBEでは、このtは[t]のままです。前後で声が出ていても、tであえて声をいったん止めるのです。それだけtが強く発音されている、ということです。

moreやclearlyなどの母音字の後のrは、BEでは発音されません。それぞれ[mɔ́ː]、[klíəli]（または[klíːli]）と、rが発音されない音形となります。なお、BEでは、clも強く響きます。

実際には、イントネーションも違います。ただイントネーションを表現するのは、容易ではありません。なので、ここでは考えなくて構いません。ただ本書では、各所でイントネーションについても解説します。

②では、work、together、order、worldなどの母音字の後のrを発音しない点が、一番のポイントです。ただしBEではtogether inのように、rの次に母音で始まる単語が来る場合、[r]をあえて入れて発音する場合があります。

また、BEでのgoの母音は[əʊ]です。この二重母音も、BEを語る上で見逃せません。

③では、not、possibly、Watsonの強勢母音がポイントです。AEでは[ɑ]です。ただ多くの米国人は長く発音します。なので、[ɑː]と思ってもらっても構いません。

一方、BEでは[ɒ]です。[ɒ]は口を最大限に開いた「オ」です。唇がわずかに丸まって（＝円唇して）います。なお、comeの母音は英米ともに[ʌ]です（実際は、英米で音質がわずかに異なりますが、大差ありません）。

残りは、at aやbetterでのtをしっかり発音すること、betterとdearなどのrを発音しないことも挙げられます。

日本ではAEが主流ですので、このように細かな違いのあるBEの発音を学ぶことは、なかなか大変なことです。BE習得には、コツコツ取り組む地味な勉強が必要です。そこを覚悟した上で、読み進めていってください。

現代のイギリス英語事情

イギリス英語と言えば、どんなイメージが浮かびますか？
まずはこの本で扱うイギリス英語、BE の定義から。

　本書で言うBEとは、現在の英国での標準的・一般的な英語の発音です。た
だこれは、みなさんがイメージするRPとは、ちょっとばかり異なります。

　RPというのは、**Received Pronunciation**（容認発音）の略です。これが、
従来の英国の標準語の発音です。RPは、階級社会の上の層が使う、本当のエ
リートの発音です。ただ、エリートが使う発音ですから、その英語自体もきち
んとしたものです。その意味で、RPは標準発音であるばかりでなく、標準語
という意味合いも含んでいます。

　ところが、上の階級の人口はわずかです。つまり、RPを使う人もわずか、
ということです。では、どのぐらい少ないのでしょうか。英国の中で一番人口
の多いのは、イングランドです（ウィキペディアによると2011年の人口は約
5300万人）。そのイングランドですらも、RP話者はたったの3〜5%と言われ
ています。RPは、本当のエリートの発音（言葉）ということになります。

　つまり、多数派である一般民衆は、RPを使えないのです。彼らは、多かれ
少なかれ、地元の言葉を使っているということです。この辺は日本と似た状況
です。例えば皇室の方々の日本語や、NHKのアナウンサーの日本語は、日本
語のお手本とみなされるでしょう。でも、庶民がそういう話し方をしているで
しょうか。そうではありませんよね。

　英国の庶民は、自分がお手本となるような言葉を話していないことを、日本
人以上に引け目と感じています。そして、そうであればあるほど、反面、「お
高く留まってんじゃねぇよ」という反発の気持ちもわいてきます。

　つまり、英国庶民にとってRPとは、よくも悪くも上流世界を感じさせる象
徴なのです。あこがれの対象であると同時に、妬みや批判の対象でもあるので
す。日本人からすれば、RPとは上流階級の使う美しい英語です。でも、英国
庶民にとっては、そんな単純な話ではないのです。

　そんなわけで本書では、RPの代わりにBE（British English）という表現
を使います。BEというのは、RPよりもほんの少しだけ現代風で、庶民的な
要素も取り入れた発音です。その分、話している人口も多くなります。イギリ
スの英語を学ぶ上では、極めて現実的な対象と言えるでしょう。

Column 母音四角形の読み方講座①

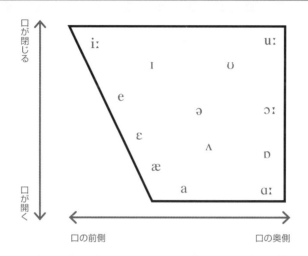

　音声学書を見ると、必ず出てくるのがこの図です。しかし多くの人は、この図を見ると、うんざりするようです。

　でも、この図は案外簡単に、理解もできるし発音もできるのです。実はこの図はグラフなのです。

　中心（[ə]）は0です。エネルギー0（脱力）の母音が[ə]なのです。

　その中心から離れれば離れるほど、エネルギーを使います。一番離れているのが、[iː]、[ɑː]、[uː]です。これらが一番エネルギーを必要とする母音です。一番口を横に開くのが[iː]、一番口を縦にそして大きく開くのが[ɑː]、一番口を丸めるのが[uː]ということです。僕のレッスンでは、常にこの3母音を使って準備運動をしています。

　この3母音が出せれば、残りの母音は簡単に出せます。[iː]から顎を下げていけば（口を開いてけば）、[ɑː]にたどり着きます。実は、その間で、外側の母音 [e]、[ɛ]、[æ]、[a]は自動的に出せるのです。

　次に、[ɑː]から今度は徐々に唇を丸めていきます。唇の丸め（円唇）が最小になった段階が[uː]です。途中で[ɒ]や[ɔː]を出しているのです。

　以上で外側の母音は制覇です！

Step 2 英国文学の音読について

ここでは、第8〜11日目で扱うイギリスの小説、「不思議の国のアリス」とシャーロック・ホームズ譚の特徴に言及します。

　本書では、誰でも知っているような有名小説や、著名人のスピーチや朗読を取り上げています。これらを聞いたり読んだりすると、すぐわかると思いますが、決してやさしくはありません。実は、BEは難しいのです。

　8〜11日目で取り上げる小説は、『不思議の国のアリス』とシャーロック・ホームズのいくつかの作品です。

　アリスのほうは、子ども向けではありますが、この作品の英語も日本人からすれば、決してやさしくはありません。アリスと不思議の国のキャラクターとの会話の多くは、言葉遊びや屁理屈のようなものですから。

　シャーロック・ホームズにいたっては、昭和の受験英語の英文解釈に使うような小難しい文が、わんさと出てきます。ちんぷんかんぷんの個所もかなりあるはずです。なお、これらの作品のわかりにくい個所については、本書のあちこちのExercise（以下Ex）で取り上げています。

　両作とも書かれたのは19世紀後半です（ホームズはシリーズものとしては20世紀［1927年］まで続きました）。日本で言えば明治時代。その時代背景から考えれば、小説はかなり知的な娯楽だったでしょう。表現が難しくなるのもうなずけます。

　また英国は日本同様、古くからある狭い島国です。当然、人間関係にも敏感だったはずです。日本語の敬語にあたるような、微妙で遠回しな表現が自然と発達します。外国人からすれば当然わかりにくいのです。

　一方、新しい国として成立した米国は、英語圏ばかりでなく、オランダや北欧などヨーロッパ、アフリカ、ラテンアメリカからの人々の集合体です。そこでの英語は、共通語という役割です。英語が十分にわからない人もいるので、わかりやすい表現が好まれるようになります。

　日本ではAE（American English）が主流ですから、BE、しかも明治時代頃のBEがわかりにくく感じるのは、無理もありません。ただ、日本人のメンタリティから言えば、AEよりもBEのほうが、断然日本語に近いのです。とはいえ、外国語を学ぶと考えると、やはりやさしいほうがいいですよね（笑）。

Column 母音四角形の読み方講座②

　次に内側の母音、[ɪ]、[ʌ]、[ʊ]です。これは0地点([ə])に近い母音です。つまりあまりエネルギーを使わずに出す「イ」「ア」「ウ」なのです。いずれも口だけでなく、全身を脱力させて、短く「イ」「ア」「ウ」と言えばいいのです。

　英語の母音は三層構造です。英語の母音は、①口を大きく動かす[iː]、[ɑː]、[uː]を基点とする外側グループ、②口をあまり動かさない[ɪ]、[ʌ]、[ʊ]の内側グループ、③口をほぼ動かさない[ə]の 3 種類からなるのです。なお、僕は、②と③の範囲を「脱力ゾーン」と呼んでいます。

　この構造がわかると、母音の音質をだいたい想像できます。でも、さらにOKメソッド(Ogawa's Kinesthetic Method) を使えば、BE のさまざまな母音を一人で確実に習得できます。

　OKメソッドでは、手を使って音をイメージします。例えば[ɛ]では、横にしたスマホを手でつかむイメージです。スマホをつかむには、手を大きく開かないといけません。その手の感覚が口の開き具合につながるのです。

　[ɑː]はジャンケンのパーです。指をしっかり伸ばして、大きく開きます。[ɒ] はメロンをつかむ手です。手はパーより少し丸まります。それが唇の丸まり方 です。[ɔː]は夏ミカンを握る感じです。さらにパチンコ玉をつまむようにすることで、[uː]が出せます。

　OK メソッドは、英語ではいくつもある「ア系母音」(アと聞こえる母音)や「オ系母音」(オと聞こえる母音)を発音し分けるときに、特に有効です。これらの母音の出し方の詳細については、拙著『イギリス英語発音教本』(研究社)をご覧ください。また、YouTube「小川直樹の英語発音動画」の動画の多くでも、OK メソッドを実演しています。

Step 3 スピーチの音読について

ここでは、第12〜14日目で扱う、ネイティブが話すスピーチの特徴について解説しています。

　BEは難しくなりがちです。ただ、本書の最後、12〜14日目のスピーチ・朗読を取り上げたパートでは、女性二人のものが比較的聞きやすいでしょう。女優のエマ・ワトソンとダイアナ元妃のスピーチです。いずれも、書き言葉ではなく、話し言葉だからこそ、英語が平易になるのです。

　しかも、どちらも短い表現を繰り返すという手法を使っています。エマ・ワトソンは、I am willing to...、ダイアナ元妃は、Isn't it normal...？という文を繰り返して使っています。受験英語に慣れていると、長い文のほうが良い文のように思えてくるかもしれません。でも、短い文（表現）には長い文にはない、力強さがあるのです。その力強い表現を繰り返すことで、浸透力のあるリズムが生まれます。これが聞き手の心に強いインパクトを残すのです。

　なお、この二人の発音は、とても興味深い対比を示しています。エマ・ワトソンは極めて現代的なBEの代表です。ダイアナ元妃のほうはクラシックなRPです。BEに慣れていないと、同じように聞こえるかもしれませんが、この二人の英語には厳然とした違いがあるのです。その特徴については、それぞれの章（12日目と14日目）をご覧ください。

　一方、一筋縄ではいかないのは13日目の、俳優ベネディクト・カンバーバッチによる朗読です。第二次大戦に出征し帰還した兵士が、恋人に宛てた手紙をカンバーバッチが朗読するという番組の音声です。創作した手紙ではなく、実際に兵士によって書かれた、本物の手紙です。当時の時代背景がわかっていないと、聞き取りは容易ではありません。

　知識がないままに聞くと、手紙の朗読の聞き取りはかなり難しいものです。なにしろ英語では、この手紙の書き手が、男性なのか女性なのかすら判断できません（日本語なら文体で判断できるでしょうが）。

　そして、その手紙をカンバーバッチは、書き手の立場で読んでいるのか、それとも手紙をもらう側の立場で読んでいるのか、も推測しないといけません。でも、いきなり聞くと、それもわかりません。手紙の朗読は、背景知識がないままに聞くのは、本当に難しいのです。

なお、カンバーバッチは、ときどき2～3行にわたる長い文を、一気に早口で読み上げます。これが各Exに1つないし2つはあります。ここでは言葉が、圧縮された情報の塊として押し寄せてくるのです。ここは正直なところ、日本人にはお手上げの部類です。

　ただ、もし本当に重要な部分なら、恐らくはゆっくり読むでしょう。サラッと流していい情報だからこそ、サラっと読んでいるとも考えられます。こういう場合、「すべてをきちんと理解しなくてはいけない」などとは思わないことです。

★こちらのサイトで OK メソッドのレッスンが聞けます。
小川直樹の英語発音動画

イギリス英語の母音①

2日目は、日本語の「ア」「アー」にあたる「ア系母音」を扱います。ここでは、主に5種類のア系母音を取り上げています。何度も聞いて、区別できるようにしましょう。

Practice

下記の英単語を BE らしく発音してみましょう。

🔊 02

①	c<u>a</u>nnot	[a]
②	c<u>a</u>n't	[ɑː]
③	r<u>a</u>bbit	[a]
④	<u>A</u>lice	[a]
⑤	l<u>a</u>st	[ɑː]
⑥	r<u>a</u>ther	[ɑː]
⑦	for ex<u>a</u>mple	[ɑː]
⑧	p<u>e</u>rsonal rem<u>ar</u>ks	[əː] [ɑː]
⑨	w<u>or</u>st	[əː]
⑩	l<u>ear</u>n	[əː]

◆解説◆

cannot と can't の「ア」の違いに注目！

「ア」「アー」にあたる母音（以下、それらをまとめて「ア系母音」と呼ぶことにします）は、英語には何種類もあります。日本語では、長さの違いだけの「ア」と「アー」の2種類のみです。音質を気遣う必要がないのが日本語です。そんな日本人にとって、BEのア系母音は難関です。

①のaは[a]です。従来は[æ]と表記されていた母音です。ただAEの[æ]に比べ音質がかなり違います。それで違いがわかるように、[a]を使います。

AEの[æ]は、1)「エ」の成分が強い、2) 長い、という特徴があります。この[æ]をBEに使うと、かなりの違和感が生じます。

だからこそ、BEでは[a]を使うほうがいいのです。[a]は、1)「エ」の成分はほんのわずかで、代わりに口の前のほうを意識した「ア」、2) 短い、のが特徴です。左ページに挙げたものでは①cannotの他、③rabbitや④Aliceもこの[a]です。

一方、②のcan'tは[ɑː]です。また⑤～⑦もそうです。これは口を最大限に開けて、喉の奥から出す「アー」です。ナレーターのエマさんの[ɑː]は、極めてわかりやすい発音です。この[ɑː]をお手本にしてください。この[ɑː]の音質がわかると、日本語式の「アー」とはだいぶ違うことがわかります。

BEで難しいのは、この[ɑː]と[a]の使い分けです。これについては、次のStep 1で詳しく扱います。

また、⑧～⑩のpersonal、worst、learnなどの強勢母音は[əː]です。口をあまり開けない「アー」です。日本語の「アー」は、実はあまり口を開けないので、[ɑː]よりも、こちらに近く感じられる可能性があります。ア系母音での口の開け方は、意味とつながってきます。正確に区別しないといけません。

Step 1 — 2種類のア系母音

下記の基本単語を使って、2種類のア系母音の発音練習から始めましょう。

[ɑː] (AE では [æ])

🔊 03

① can't

② after

③ ask

④ fast

⑤ for example

⑥ last

[a] (AE では [æ])

🔊 04

⑦ cannot

⑧ stand

⑨ rabbit

⑩ cat

⑪ bat

⑫ passive

| ◆解説◆ |

まずは2種類の「ア」の違いをよく見極めよう！

　BEらしい発音の代表の1つは、言わずと知れたcan'tです。AEでは[æ]ですが、BEでは[ɑː]となる単語です。実はこのcan'tのような単語は、BEにたくさんあります。まずは、それを押さえることが、BEらしさを表現することにつながるでしょう。

　では、AEの[æ]が、BEでは[ɑː]となるのは、どんなときでしょう。これはだいたい以下の2種類に限られます。

1）can'tタイプ：a+m/n+子音
　aunt、dance、demand、plant、sampleなど

2）askタイプ：a＋摩擦音
　after、bath、half、laugh、staff、vastなど

　1）まずはcan'tのタイプです。aの後に鼻音のmやnが来て、さらに子音が来る場合です。

　2）のafterのf、bathのth、halfのf、laughのgh、staffのff、vastのvなど、pやtなどの破裂音と違って、単独で持続して発することができる音が、摩擦音です。aと摩擦音が組み合わされたときも、aは[ɑː]となります。

　これら以外の、aの文字で表される「ア」は、[a]が使われます（例：hat、mapなど）。ただ、この分類は大体の目安に過ぎません。残念なことに、例外がかなり多いのです。そういったものは個別に覚えていかないといけません。

　厄介なのが、passで始まる単語です。pass（通り過ぎる）とpassportは、[ɑː]を使います。一方、passage（通路、文章などの一節）、passenger（乗客）、passive（受け身の）、passion（情熱）などは、[a]が使われます。

　まったく同じ文字列で、意味が似ているような単語でさえも、油断ならないのが、BEです。AEならすべて[æ]を当てればいいのです。[ɑː]なのか、[a]なのか、これはAEにはない難しさです。

Step 2 その他のア系母音

次は、下記の英単語を使って、ア系母音の発音の練習をします。
アメリカ英語との違いにも気をつけましょう。

[əː] （AE では [ɚː]）

🔊 05

①	learnt
②	work
③	burden
④	nerves
⑤	first
⑥	worst
⑦	turtle

[ʌ] （AE では [ɚː]）

🔊 06

⑧	worry
⑨	current
⑩	encouraging

[ɑː] （AE では [ɑɚ]）

🔊 07

⑪	remark
⑫	party
⑬	Marc

◆解説◆

口の開け方に注意しよう！

　①〜⑦のような、BEの[ə:]は、脱力して、口を半開きにして出します。BEでは、日本語の「アー」にかなり近く聞こえることがあります。workなどは、ほとんどカタカナの「ワーク」のような音に聞こえます。ときどきworkをスペリングにつられて、「ウォーク」と読む人がいます。でも、これは大きな間違いだということです。

　一方、⑪〜⑬の[ɑ:]は、日本人が思う以上に大きく口を開けます。そして喉の奥から声を出します。日本人が、この母音を発音すると、多くの場合、口の開きが小さいため、[ə:]に聞こえてしまう可能性があります。

　ただ、⑪〜⑬のような単語では、[ə:]に聞こえたとしても誤解は起きないでしょう。しかし、first [ə:]とfast [ɑ:]、dirt[ə:]とdart[ɑ:]、curve[ə:]（曲線）とcarve[ɑ:]（彫る）のようなペアができる単語では、[ə:]と[ɑ:]とを誤って発音すると、誤解を生みだしてしまうかもしれません。

　[ɑ:]は、英国南部の洗練されたBEを感じさせます。もしそういう英語を目指すなら、口が大きく開くように日頃から発声練習をしておく必要があるでしょう。

　ところで、AEでは、①〜⑦のグループも、⑧〜⑩のグループも、[ɚ:]を当てれば済みます。でも、BEでは⑧〜⑩には、短い[ʌ]を当てます。スペリングにつられて、worryを「ウォリー」と発音するのは、標準的なBEとは言えません。なお、hurryもこのグループです。

　ちなみに、自治区という意味のboroughもこのタイプです。BEでは[bʌrə]です。AEでは[bɚ:roʊ]です。

　なお、boroughを含む有名な地名といえば、Scarboroughでしょう。北イングランドの漁港です。boroughが接尾語として使われる場合、BEでは発音が簡略化されて、Scarboroughなら[skɑ́:b(ə)rə]です。AEでは[skɑ́ɚbɚ:roʊ]です。

　この地名がよく知られているのはSimon & Garfunkelが歌った「スカボロ・フェアー」のためです。しかし彼らはアメリカ人だからこそ「スカボロー」なのです。元々はイギリスの伝統的なバラードなので「スカーバラ」と発音すべき地名です。

08

① [a]

Do cats eat bats?
ネコはコウモリを食べるのかしら。

② [əː]

turning purple
（怒りで）顔が赤くなって

③ [a] [ɑː]

Alice replied, rather shyly.
アリスは、おそるおそる答えた。

④ [əː] [əː] [ɑː]

Sentence first—verdict afterwards.
まずは判決——評決は後にせよ！

⑤ [ʌ] [a] [ɑː]

nothing but a pack of cards
カードのパックに他なりません

⑥ [əː] [ɑː]

You should learn not to make personal remarks.
あなたは個人的な発言をしないことを学ぶべきです。

◆解説◆

「ア系母音」を聞き分けよう！

①ではcatsとbatsという、[ats]で韻を踏んだ単語が並んでいます。韻がポイントなので、[ats]をしっかり発音してください。また、この文はyes-no疑問文ですが、だからといって安易に上昇調を使わないように。お手本をよく聞いて真似してください。

②は2つのurはともに、[əː]です。口を半開きにして、力を抜いて発音します。とはいえ、語頭の t や p は、とりわけBE では強く響かせないと物足りません。また、purpleのほうをより目立つように発音します。英語では、2個以上単語が並んで、ひとまとまりの意味を表している場合、まったく同じ強さで単語を発音することはありません。より大事なほうを目立たせます。この例のような句の場合、たいてい最後です。

③は、ア系母音の使い分けです。Aliceで[a]、ratherで[ɑː]です。[a]は口の前側、[ɑː]は口の奥側を意識して、声を出してみてください。[ɑː]は長さにも注意してください。なお、shylyでは[aɪ]という二重母音を使います。二重母音は、口のどの位置で出すなどでなく、前側の成分[a]が主役で、そこを長く表現する、というバランスが大事です。

④のfirstとverdictの下線部の強勢母音は、ともに[əː]です。口は半開きで、脱力した感じの「アー」です。一方、afterwardsの下線部の強勢母音は[ɑː]です。口を大きく開け、喉の奥から声を出します。なお、wardsも要注意です。[ɑː]を当てたくなるようなスペリングですが、そうではありません。この音節は短い[wəds]です。

⑤はア系母音の見本市です。nothingは[ʌ]、packは[a]、cardsは[ɑː]です。[ʌ]と[a]はかなり似ています。[a]は口の前のほうで出しますが、[ʌ]は中ほどで、力を抜きます（さらに力を抜いたものが[ə]です。実はbut、a、ofで使われています）。BEの発音を身につけようとするなら、これらの区別は必須です。でも現実的なことを言うと、nothingとpackの双方に日本語の「ア」の音を当てても、何とか通じるでしょう。

⑥は、learnとpersonalに[əː]を使い、remarksで[ɑː]を使います。この2種類の母音は、日本人には似たように聞こえます。でもネイティブにはまったく違う音です。口の開け方に気をつけて、しっかり区別するようにしてください。なお、personalのaは弱い母音の[ə]です（p.52参照）。

1st Week
Day 3

イギリス英語の
母音②

3日目は、日本語の「オ」「オー」にあたる「オ系母音」を扱います。イギリス英語のオ系母音は3種類（上品な響きの二重母音 [əʊ]、円唇で唇を突き出す [ɔː]、円唇で口を大きく開く [ɒ]）あるので、区別するようにしましょう。

Practice

次の英語が2回ずつ流れます。下線部の音に注意しながら聞き、音源をマネして発音してみましょう。

[əʊ]

🔊 09

① c<u>o</u>pe

② cl<u>o</u>se

③ g<u>o</u>

④ H<u>o</u>lmes

[ɔː]

🔊 10

⑤ w<u>al</u>k

⑥ <u>al</u>l

⑦ n<u>or</u>mal

[ɒ]

🔊 11

⑧ wh<u>a</u>t

⑨ W<u>a</u>tson

⑩ l<u>o</u>ng

◆解説◆

3種類のオ系母音に注目！

　ここで扱うのは、「オ」「オー」の母音（以下「オ系母音」と呼ぶことにします）です。BEでは、[əʊ] [ɔː] [ɒ]の3種類があります。

　①〜④は[əʊ]です。大げさに言うと、「エゥ」のような感じの二重母音です。ただ出だしは「エ」よりずっと口の力を抜かないといけません。なお、二重母音では前側の音が主役です。前側を大きく長く言うようにします。

　[əʊ]は上品な響きの二重母音です。なにしろ、これはRPでのみ使われる音だからです。地方の発音（＝庶民の発音）では[oː]です。だからこそ、[əʊ]か、それとも[oː]かは、イギリス英語を扱う上で重要な問題です。

　また、BEにはオ系母音が3種類もあるので、しっかり区別しないといけません。でも、日本のように発音の種類が少ない国で英語を学ぶと、どの単語で[əʊ]を使うのか見極められなくなってしまいがちです。[əʊ]を使う単語に敏感になることが、上品なBE習得には不可欠の条件です。

　次に[ɔː]です（⑤〜⑦）。これは唇を丸める円唇が特徴の「オー」です（[əʊ]では、脱力が大事なので、円唇はほぼ不要です）。日本人は円唇が得意ではありません。その意味で[ɔː]は難しい母音です。[ɔː]の音を出すときは、とにかく唇を突き出すことが大事です。特にwalkはwで始まるので、強い円唇で始めないといけません。時間をかけていいので、しっかり円唇を作ることから始めてください。日本人は、英語の発音というと急ぎたくなります。急ぐと円唇はできません。ゆっくり練習してください。

　最後は[ɒ]です。これは[ɔː]より口の開きが大きい「オ」です（日本の辞書では、この母音を[ɔ]と表記しています。でも[ɔ]より口の開きが大きいのです）。円唇しながら、最大に口を開いた状態で出す「オ」です。なお、この母音は短いのも特徴です。

　whatとWatsonは日本では「ホワット」「ワトソン」ですが、これは完全な日本語の発音です。BEではいずれも[wɒ]で始まりますので、しっかりとした円唇が必要です。「ゥオ」のように言うと感じが出ます。

　なお、これらオ系母音の、より具体的な発音の仕方は拙著『イギリス英語発音教本』（研究社）をご覧ください。

まずはオ系母音 [əʊ]

まずは上品な響きのオ系母音 [əʊ] の練習からです！
下線部の音に注意して聞き、発音してみましょう。

[əʊ]

 12

① al<u>so</u>

② h<u>o</u>pe

③ al<u>o</u>ne

④ l<u>o</u>w

⑤ d<u>o</u>n't <u>o</u>pen

⑥ I am g<u>oi</u>ng h<u>o</u>me!

⑦ I w<u>o</u>n't!

⑧ the wh<u>o</u>le pack r<u>o</u>se up

| ◆解説◆ |

基本単語の発音に敏感になろう！

BEでは、オ系母音の使い分けは大事なポイントです。どの単語で、どの「オ（ー）」が使われるか、しっかり判断する癖をつけてください。

[əʊ]は、基本的にはoの文字で現れます。そして基本単語には、[əʊ]を含むものが多いのです。①～⑦はまさしくその例です（なお、[əʊ]はあいまい母音の[ə]で始まるため、音質がやや不安定です。この二人のナレーターの発音でも揺れがあります。その点はご了承ください）。

基本単語とは、日常よく使われる単語ということです。その発音を間違うと、どうでしょう？ 聞き手からすれば、間違った音を何度も聞かされることになってしまいます。ひどく間違った印象を与えてしまう、ということです。

ただ日本では、基本単語の発音はあまり丁寧に指導されません。だから、ついつい基本単語の発音を雑に扱ってしまいがちです。でも、BEではことさら発音が重視されるのです。RPのPはpronunciationなのです。発音が英語の基本なのです。BEを目指す人は、とにかく発音に敏感になってください。

発音を粗雑に扱うというのは、例えば「低い」を意味するlow [əʊ]と、「法律」のlaw [ɔː]との区別をつけない、ということです。母音を間違うと、意味が違ってしまう、ということです。本書で扱っているBEは、貴族の発音とまではいかないにせよ、中流階級以上の教養のある人をイメージさせる発音です。lowとlawの区別をしないような人は、教養ある人には感じられにくいですよね。

⑦のwon'tも、「欲しい」のwantとの区別をしっかりつけないといけません。won'tは[wə́ʊnt]ですが、wantは[wɒ́nt]です。なお音源では、won'tはかなり素早い発音です。でも二重母音であることがきちんとわかります。

ただwon'tもwantも、出だしは[w]です。円唇が必要ということです。日本語式のカタカナ発音では、ほとんど円唇しません。[w]では、ゆっくりでいいので、正確に口を丸めることが必須です。

なお、⑤のdon'tは盲点かもしれません。これが[əʊ]の単語と知らない人は多くいます。よく使われる単語だけに、ここを間違うと本当に目立ってしまいます（今風の言葉を使えば「悪目立ち」でしょうか）。

Step 2 長・短のオ系母音

Step 1 で学んだ［əʊ］以外の 2 つのオ系母音の練習です。
どちらも円唇しますが、長さと口の開きが異なります。

[ɔː]

🔊 13

① p<u>aw</u>

② abr<u>oa</u>d

③ t<u>a</u>lking

④ imp<u>or</u>tance

⑤ comf<u>or</u>m to the n<u>or</u>m

[ɒ]

🔊 14

⑥ M<u>o</u>ck Turtle

⑦ p<u>o</u>ssibly

⑧ tr<u>o</u>dden

⑨ stand in the d<u>o</u>ck

⑩ <u>O</u>ff with her head!

| ◆解説◆ |

長い「オー」と短い「オ」の音を区別しよう！

ここでは[əʊ]以外のオ系母音の練習です。

①〜⑤は長母音[ɔː]です。この母音は円唇が特徴です。とにかく口を丸めてください。

スペリングは、awとorが典型です。ただ、その他様々なスペリングに[ɔː]は現れます。代表的なものは、動詞の過去・過去分詞のtaughtやboughtなどです。スペリングに引きずられて、[əʊ]と読むと誤解している人がよくいます。気をつけたいものです。

なお、②のabroadと同種なのは、broadです。ただしroadは[əʊ]です。スペリングは必ずしも発音を示していないということです。これが英語の厄介なところです。

⑥〜⑩は、[ɒ]の練習です。[ɒ]の特徴は、瞬間的な短さです。唇は丸めつつも、口を最大限に開けたら、一気に声を出します。

代表的なスペリングは、oです。oで短い読みのときに使うのが、この[ɒ]です。oで長い読みのときは[əʊ]です。ちなみに、イギリスの代表的な食べ物のsconeは、[ɒ]と[əʊ]の両方が使われます（[ɒ]のほうがよく使われますが）。

またp.28のPracticeで見たような、whatやWatson、さらにwant、wash、watch、swan、qualityなど、[w]に続くaの多くも[ɒ]です。ちなみに、例外的なスペリングとしては、yachtやsausageが挙げられます。

Step 3 ： 句や文で練習しよう

これまで単語で習ってきたことを、句や文でも確認してみましょう。

 15

---

① Pandora's Box
パンドラの箱

② Sherlock Holmes
シャーロック・ホームズ

③ Not at all.
全然。

④ I ought to go from here.
私はここを立ち去らなければならない。

⑤ Oh, you're sure to do that.
ああ、君はきっとそうするだろう。

⑥ if you only walk long enough
十分な距離を歩くだけなら

◆解説◆

「オ系母音」を聞き分けよう！

　句や文での練習です。オ系母音が一度にいくつも出てきます。同じものなら簡単ですが、そうもいきません。

　①のPandora's Boxは[pandɔ́ːrəz bɒ́ks]です。2つのoは、別の母音です。なお、句ですので後ろの単語を強く読みます。

　②のSherlock Holmesは[ʃə́ːlɒk hə́umz]です。-lockは第三強勢がつきます。まったく弱いのではなく、多少は強くはっきり読め、ということです。人名も句と同じ扱いで、後ろの単語が強くなります。

　③は、1つの単語のように読むのがコツです。句なので後ろのallが強くなります。[nɒ̀tətɔ́ːl]です（出だしが高いためNotもとても強く聞こえます）。ただ、この句が出てくる、ホームズの朗読個所（p.92）では、notに第一強勢が置かれています。[nɒ́tətɔ̀ːl]という感じです。とにかく否定を強調したいという言い方です。また、[t]をしっかり発音することも忘れないでください。[t]をしっかり発音するには、舌先に力を込めることと、ゆっくり発音することがコツです。

　④はoughtとgoの母音の違いを正確に表現してください。oughtは[ɔ́ːt]です。そのスペリングに惑わされて、二重母音を使いたくなりますが、長母音[ɔː]です。二重母音を使ってよいのはgoです。こちらにこそ[əu]を使ってください。

　⑤では、まずOhに二重母音[əu]を使います。驚くときこそ、上品な[əu]を使ってください。慣れないと自然には驚けないかもしれませんが（笑）。一方、you'reは[jɔ́ː]で、sureは[ʃɔ́ː]です。現代的なBEでは、you'reやsureは、もはや[ɔː]を使うのが普通です。

　⑥は、オ系母音の見本市です。onlyで[əu]、walkは[ɔː]、longが[ɒ]です。なお、ときどきwalkでlを発音すると思っている人もいるようですが、lは発音しません。walkは[wɔ́ːk]です。[w]で始まり、さらに[ɔː]ですので、極めて円唇が強い発音の単語です。練習では、焦らずゆっくり確実に、口をしっかり丸めることを意識してください。

1st Week
Day 4
イギリス英語の母音③

4日目は、イギリス英語の二重母音が、長母音化する例を解説します。スペリングに惑わされずに音に集中して聞いてみてください。二重母音の音が単純化・簡略化され、長母音化しているのがわかるはずです。

Practice

次の英語が2回ずつ流れます。下線部に注意しながら聞き、音源をマネして発音してみましょう。

🔊 16

①	wh<u>ere</u>	[ɛː]
②	th<u>ere</u>	[ɛː]
③	s<u>ure</u>	[ɔː]
④	y<u>ou're</u>	[ɔː]
⑤	h<u>ere</u>	[ɪː]
⑥	y<u>ear</u>	[ɪː]
⑦	r<u>eally</u>	[ɪː]
⑧	exp<u>e</u>r<u>ie</u>nce	[əː] [ɪː]
⑨	soci<u>e</u>ty	[aːə]
⑩	f<u>ire</u>	[aːə]

◆解説◆

長母音化する二重母音に要注意！

　現代のBEは、二重母音が長母音化する傾向があります。ただ、すべての二重母音で長母音化が起こっているわけではありません。起こっているのは、最後が[ə]で終わる二重母音です。[ɛə] [ʊə] [ɪə]の3種がそれです。以前は[ɔə]もありました。でも、これは完全に[ɔː]に取って代わられています。このようなことが、他の二重母音でも進行しているのです。

　まず①と②は、[ɛə]が[ɛː]となる例です。where[wɛ́ː]とthere[ðɛ́ː]はその代表です。これは現在のBEでは、極めて当たり前の発音です。

　なお、[ɛ]は、口を大きく開けた「エ」です。日本語の「エ」とは比べ物にならないほど大きく開けます。よだれをだらだら垂らすぐらいの勢いで、口を大きく開けてください。

　次に[ʊə]の長母音化です。これは[ʊː]ではなく、[ɔː]となります。③、④のsure、you'reは[ʃɔ́ː] [jɔ́ː]です（すでにp.34の[ɔː]のところでも見ました）。

　⑤～⑧は、[ɪə]が[ɪː]になる例です。これが一番遅れてやってきた変化です。その代表が、here[hɪ́ː]とyear [jɪ́ː]です。聞きにくい音になるので、注意が必要です。そういった微妙な変化がreally、experienceにも起こっています。

　⑨と⑩は三重母音の例です。音が単純化する点では①～⑧と同じです。societyは[səsáɪəti]です。これが[səsáːəti]と変わります。また[fáɪə]も[fáːə]と変わります。三重母音の最初の成分が長くなって、中央の[ɪ]が消えています。これは伝統的なRPの音形です。

まずは基本の [ɛː]

下記の単語や英文を使って、二重母音が長母音化するパターンを練習しましょう。

[ɛː]

🔊 17

① Lecester Square

② staircase

③ chair

④ carer

⑤ parents

⑥ sharing

⑦ elsewhere

⑧ the March Hare

⑨ Where do we begin ?

⑩ There are no mice in the air.

◆解説◆

二重母音で大事なのは最初の成分なので、そこが長母音化する！

日本にいるとあまりピンと来ないかもしれませんが、[ɛə]が[ɛː]と発音されるのは、現在のBEではごく普通です。

[ɛː]は、単純な音で、大きく口を開けるため、わかりやすくよく響きます。そのためBEではかなり目立つ（耳立つ？）音です。⑨はダイアナ元妃のスピーチ（p.120）の冒頭の1文ですが、ダイアナ元妃自身のWhere（p.120）もかなり耳に残るでしょう。

なお、ダイアナ元妃は、伝統的・保守的なRPを使う人です。それでも、[ɛː]という新しい音を使っていました。このスピーチは1993年のものです。そこから約30年経っていますので、今、[ɛː]がごく普通となっているのもうなずけます。

ところで、日本人が二重母音を発音すると、2つの母音を順番に発音している感じになりがちです。例えばairは「エ・ア」という感じです。2つの成分を対等のバランスで発音してしまうのです。

2つの成分がきちんと発音されると思っている日本人には、BEの長音化した二重母音は受け入れにくいものかもしれません。なかでも⑩のair [ɛ́ː]や、③chair [tʃɛ́ː]、④carer[kɛ́ːrə]のような、短くて単純なものは、特にわかりにくいでしょう。

ちなみに、二重母音で大事なのは最初の成分です。二番目の成分は、ちょこっと付け足したようなものなのです。バランスを記号の大きさで表せば、[ɛə]のようなものです。BEの、二重母音が長母音化する傾向は、このバランスがより極端になった結果です。大事な部分がより目立つようになったという話です。だから、ネイティブには、この変化が自然に受け止められるのです。

なお、④、⑤、⑥、⑩のThereのように、次に母音が来ると、rが発音されるようになります。そのrの影響で[ɛː]は[ɛə]のように発音されます。

Step 2 その他の二重母音・三重母音

二重母音や三重母音が長母音化・簡略化されるパターンを練習しましょう。

[əː] (< [ʊə])

🔊 18

① poor

② sure

[ɪː] (< [ɪə])

🔊 19

③ real

④ the last two years

⑤ experience

三重母音⇒二重母音など

🔊 20

⑥ fire

⑦ hours

⑧ powerful

◆解説◆

基本単語こそ、変化しやすい！

[ʊə]は[ɔː]となります。その代表は、ここに挙げた①poorと②sureです。あとはp.36のPracticeで挙げたyou'reならびにyourです。音の変化は、基本的な単語で始まります。基本単語は、何度も使われ、何度も耳にします。すると、多くの人が使い出すようになります。そして、同じ音を含む別の単語にまで、変化が広まっていくのです。

30年ぐらい前は、poorやsureでの[ɔː]はよく聞くものの、cure [kjʊə]を[kjɔː]とするのは違和感があったのです。でも今は[kjɔː]も普通です。

[ɪə]が[ɪː]となるのは、より新しい傾向です。③のrealはその例です。RPとしては[ríəl]ですが、[ríː(ə)l]（強勢記号がついているのでわかりにくいですが、短い[ɪ]を伸ばしています）が現在BEでよく使われている音形です。

⑤のexperienceもrealタイプです。この単語はRPでは[ɪkspíəriəns]です。今風の発音では、下線部の[ə]が落ち、代わりに[ː]が入ります。強勢のある[ɪ]を伸ばして、[ɪkspíːriəns]と発音するわけです。これはベネディクト・カンバーバッチのEx 2（p.114）で聞けます。

エマ・ワトソンもEx 1（p.104）とEx 2（p.106）でexperienceを使っていますが、periをなぜかスペリング通りに[péri]と発音しています。でも、このすぐ後に彼女は、やはりRPで[ɪə]を持つ、seriesを使っています。こちらは、[síːriːz]とも言えそうな今風の発音になっています。

year [jíə]を[jíː]とするのは、意外に多そうです。ただ、yearは文末でよく使われるため、「文末で力が抜けて[ə]がよく聞こえなくなってしまった」、とも思えます。だから多くの人は見逃してしまいます。

⑥～⑧は、三重母音の簡略化の例です。もともとRPを話すような上品な人たちは、小声で口の動きも小さいのです。だから音が省略されやすいのです。⑥[fáːə]、⑦[áːəz]、⑧[páːəfl]のようになります。

ただ、庶民だって三重母音は言いにくいのです。それで庶民型の簡略形が使われます。例えば、⑥[fájə]、⑦[áwəz]、⑧[páwəfl]です。カタカナの発音にちょっと近くなるのです。これが現代的なBEの音形です。ここで取り上げるのは、この音形です。

Step 3 句や文で練習しよう

これまで単語で習ってきたことを、句や文でも
確認してみましょう。

🔊 21

① [əʊ][ɛː]

This is no time for dispair.
絶望しているヒマはありません。

② [əʊ][ɛː] [ɛː]

I don't much care where.
どこかはあまり気にしません。

③ [ɪː]

write about recent experiences
最近の経験について書く

④ [ɔː]

rest assured that I shall do it
やりますので安心してください

⑤ [ɑːə][əʊ]

violence in the home
家庭内暴力

⑥ [ɑːə]

twenty-four hours a day
一日 24 時間

42

◆解説◆

現代 BE の二重母音は多様だが主役は前側の成分

二重母音と三重母音が使われている句や文の例です。下線部は、本書で詳しく取り上げているものです。

二重母音は種類が多く、本書で詳しく取り上げていないものもあります。左の例の中にある、write [aɪ]、about [aʊ]、day [eɪ]などです。本書で詳しく取り上げていようと、いまいと、二重母音は必ず前側の成分が主役です。主役である前側は、強く、長くなります。この原則は忘れないでください。

伝統的な二重母音は、現代的なBEでは形を変えることがあります。その1つが、すでに見てきた、長母音化する例です（①、②の[ɛː]はまさにその例）。

また、前側がより伸びる、というパターンもあります。例えばhere [híə]が[híːə]となります（p.106のエマ・ワトソンのスピーチの中で聞けます）。

いずれの変化でも大事なのは、二重母音の主役となる前側の成分です。現代的なBEではむしろ、その存在感を強めている、とも言えそうです。

①、②は、[əʊ]と[ɛː]の例です。[əʊ]は上品な音ですので、この音を使う基本単語は、確実に言えるようにしておきたいものです。[ɛː]はcareのようなごく短い単語に使われると、意外にわからなくなってしまうので要注意。

③のwriteには[aɪ]、aboutには[aʊ]が使われています。BEの[aʊ]の出だしは、[æ]に近い、強い響きを持っています。

④のassuredは、言うまでもなくsureの派生語です。そのため[ɔː]が使われます。発音は[əʃɔ́ːd]です。

⑤のviolenceは、ダイアナ元妃は[váːələns]と発音しています。一方、私たち日本人は、カタカナの「バイオレンス」で覚えています。それで覚えていると、実際の崩れた素早い発音に対応できなくなってしまいます。

⑥のhourは、辞書などのお手本の発音表記は[áʊə]です。ただ実際には、[áːə]のように発音されます。ダイアナ元妃はRPらしい、さらに簡略化された[áː]を使っています（p.120参照）。

なお、最後のdayの母音は二重母音[eɪ]です。長母音を使って「デー」と言っても通じます。でもこれでは標準的なBEにはなりません。二重母音すべてを長母音化させればいいわけではないのです。ここがBEの難しさです。

1st Week
Day 5
イギリス英語の子音

5日目は、イギリス英語の子音について解説します。子音を強く発音するというのは、相当の呼吸量と口や舌の筋力が必要になります。普段からかなり意識して何度も練習しましょう。

Practice

次の英語が2回ずつ流れます。下線部に注意しながら聞き、音源をマネして発音してみましょう。

🔊 22

① <u>t</u>ea-<u>t</u>ime

② le<u>tt</u>er

③ ba<u>tt</u>le

④ <u>cl</u>ean

⑤ <u>w</u>ine

⑥ <u>Q</u>ueen

⑦ <u>Tu</u>esday

⑧ <u>thr</u>eats

⑨ <u>Gr</u>yphon

◆解説◆

イギリス英語では子音が大切！

　BEは、子音が強く響きます。その代表が t の音です。語頭での t も、AE より強く響きます。①のような単語を発音する場合は、口の前のほうを意識して、ゆっくり息を溜めて、遠くに t を届けるつもりで発音してください。なお、tea-timeでは、teaに強勢があるため、出だしの t がより強いです。

　②のような語中の t や、③のような語末の [l] の前でも、 t はしっかり [t] です。強く発音するということです。AEでは、[d]やラ行子音のような音に変わってしまいます。これは [t] が弱まったからなのです。BEでは、[t] は常に [t] のまま、強いままであり続けます。

　④の語頭のcl [kl] も、BEの力強い響きを表す音です。cleanやclearのように、「イ」が続くと、特に力強く響きます。[kl] の出し方は、p.47で説明します。

　⑤や⑥では、[w] の響きがポイントです。唇を、口笛を吹くぐらい小さく丸めて、息を長く吐きます。日本語はほとんど円唇のない言語です。だから、[w] は日本人には、実は極めて難しい音です。

　現代的なBEでは、[tj] は、より力強く響く [tʃ] に取って代わられています。⑦のTuesdayは [tʃúːzdeɪ] です。昭和のカタカナ語のような発音が、現代的なのです。

　⑧や⑨は、母音の数に比べ子音がたくさん使われる単語です。BE独特というわけではありませんが、極めて英語らしい単語です。母音⑧は [θréts]、⑨は [grɪf(ə)n] です。こういうものは、一度に発音しようとするとうまくいかないことがあります。まず、母音とその周りの子音だけから発音してみます。そして次に慣れたら全体を言うようにします。[réts]⇒[θréts]、[rɪfn]⇒[grɪfn] のような具合です。後から付け足す子音はそっと発音するのがコツです。

Step 1 　子音を強く響かせよう！

下記の単語や英文を使って、下線部に注意しながら子音を発音する練習をします。強く、ゆっくりと声に出してください。

🔊 23

① H<u>a</u>tter

② No<u>t</u> at all.

③ <u>T</u>urtle

④ <u>s</u>ha<u>tt</u>ering

⑤ <u>S</u>tuff and non<u>s</u>ense!

⑥ <u>p</u>refer

⑦ <u>c</u>learly

⑧ The <u>d</u>i<u>s</u>tin<u>c</u>tion is <u>c</u>lear.

⑨ <u>d</u>i<u>s</u>tru<u>c</u>tion

⑩ <u>s</u>he <u>g</u>ave a li<u>tt</u>le <u>s</u>cre<u>am</u>,

◆解説◆

まずは破裂音の t や摩擦音の s に注目！

　BEは、AEよりも子音が強く響きます。これは、BE習得を目指す日本人には、なかなか大変なことです。日本語は、BEどころかAEと比べても、子音がはるかに弱いのです。

　そして、子音を強く発音するには、相当の呼吸量と口や舌の筋力が必要になります。普段からかなり意識していないと、身につくものではありません。

　最初は、BEの子音の強さを象徴する、語中（母音の間や、母音と有声子音の間）や語間の t の例です。特に②は、単語を区切って発音しがちな日本人には、とても難しいものです。nótatàll（またはnòtatáll）という一単語のつもりで発音してください。

　③のような語頭の t では、なおさら力が必要です。発音のプロセスは、ゆっくり行ってください。ゆっくり息を止めることで、口腔内の圧力を最大限にまで持っていきます。日本語の [t] は、息が十分にせき止められていない段階で、発してしまいます。その結果、日本人の [t] は、英語で非常に弱々しく響きます。

　子音を強く出すために、ゆっくり発音する。この原則は、破裂音ばかりでなく、④の語頭の [ʃ] のような摩擦音でも当てはまります。摩擦音の場合、その持続時間が長いのです。長いからよく響きます。これは⑤のような [s] のつく単語にもあてはまります。

　なお、摩擦音を長く響かせるには、強く息を吐く必要があります。そのためには、大きな呼吸が必要です。急ぐと、大きな呼吸はできません。結局、ゆっくり発音することが大事なのです。

　⑥のprefer、⑦のclearly、⑧のclearでは、語頭の子音群が一気に発音されます。そのためには、やはり強い呼気が必要です。BEでは、[p] と [r]、[k] と [l] は、同時に発音されます。同時に音を出すには、まず [r] や [l] の舌の構えを作っておきます。そして、その状態で [p] や [k] の音を出します。BEでは、prやclは、舌の位置が変則的な破裂音として発音するのです。だから素早く響く強い音になります。

　⑧～⑩など子音が多いものは特に、1) 口の前のほうを意識して（英語の子音は口の前側を使って出すものが多い）、2) ゆっくり、3) 音を遠くに飛ばすつもりで、発音してみてください。

Step 2 現代的な子音の発音

下記の単語を使って、下線部に注意しながら子音を発音してください。

[tʃ][dʒ] チュ、ヂュ

🔊 24

① the Tube

② immediately

③ duel (jewel)

[tʃ][dʃ] チュ、ヂュ

🔊 25

④ tranquil

⑤ tremendous

⑥ trodden

⑦ hundreds

[kw]

🔊 26

⑧ quite

⑨ frequently

⑩ banquet

◆解説◆

duel（決闘）と jewel（宝石）が同じ発音⁉

　現代的なBEにおいては、[tj][dj]が[tʃ][dʒ]になります。これはぜひ知っておかないといけません。例えばロンドンの地下鉄のTubeを、ほとんどの英国人は[tʃúːb]と発音するでしょう。実際、*Cambridge Pronouncing Dictionary*では、まず[tʃúːb]が最初の音形として出てきます。その次に伝統的な[tjúːb]が現れます。なお、②の発音は[ɪmíːdʒətli]です。

　最も伝統的なRPを使いそうな英国国王は、実はこの[tʃ][dʒ]の愛用者です。2022年9月、エリザベス女王の死後、チャールズ皇太子が国王になることを宣誓しました。その際、dutyとdurationという単語を使ったのですが、それがいずれも[dʒ]で始まっていました（しかも[dʒ]で始まるdutyは2回使っています）。もう英国では、[tʃ][dʒ]は、完全に標準的な発音の地位を得たと言えます。なので、ここに挙げたような単語は、BEとしては[tʃ][dʒ]を使うことに遠慮はいりません。

　ただ、[tj][dj]を[tʃ][dʒ]とするのは、AEの環境では違和感があるでしょう（日本でもカタカナ英語のように聞こえてしまうかもしれません）。AEでは、これらは[t][d]になるのが普通です。Tubeは[túːb]、dutyは[dúːti]（最後の[t]は有声化します）となります。

　この英米の発音の違いで、③のduel（決闘）で誤解が生じるかもしれません。伝統的な[djúːəl]なら英米で問題なく通じます。でも現代BEの[dʒúːəl]だと、jewel（宝石）と同じ発音です。英国以外の人には、「ホームズ君、これは君と僕との決闘だよ」が「君と僕との宝石だよ」と聞こえてしまうのです。

　BEでは[tr][dr]もくっつけて一気に発音します。その結果、舌を反らした[tʃ][dʒ]という音で発音します。AEでは本来の[tr][dr]の感じを残した発音が普通です。でも、BEに慣れていると、AEの[tr][dr]はかなりゆっくり丁寧な発音に聞こえます。逆にAEに慣れた人は、⑦のhun<u>dr</u>edsやchil<u>dr</u>enの下線部が[dʒ]のように発音されるのを聞くと違和感を抱くでしょう。

　⑧〜⑩、および④のquilは、スペリングにwがないのに、[w]が発音される単語です。日本人は円唇が苦手ですから、明らかに[w]が見えるwineやwoodでも円唇がほぼないまま発音しがちです。ましてここに挙げたquではなおさらです。このスペリングは[kw]であり、<u>しっかりと円唇すべき</u>ということを忘れないようにしてください。きちんと発音するためには、やはりゆっくり発音することです（円唇は時間が掛かるので<u>ゆっくり発音が有効</u>です）。

27

① **Then the Queen left off, quite out of breath.**
それから女王は息を切らして話をやめました。

② with a quick little questioning glance
ちょっとした疑問の視線で

③ **Try the settee.**
そこの長椅子に座るといい。

④ To tell the truth
実を言うと

⑤ some hundreds of times
何百回も、何百倍も

⑥ feel frustrated with life?
人生に不満を感じますか？

解説◆

連続する子音の発音に要注意！

　今度は、句や節で子音を練習します。単語がどんどん続くので、1つの子音だけに集中しているわけにはいきません。他の子音や母音もあるので、口の動きが忙しくなります。

　ただ、いきなり全部を一気に言おうとする必要はありません。最初から句全体を言おうとすると、口が回らないので、あちこち手を抜くことになってしまいます。それでは、いくら練習しても、正しい発音は身につきません。まずはポイントとなる単語を取り出して、発音します。

　例えば①や②では、quで始まる単語をしつこく練習します。円唇を徹底的に練習するのです。それから句や節の発音練習に移ってください。というのも、日本人は句や文になると、途端に円唇ができなくなってしまうからです。

　なお、句や節の発音練習は、急ぐ必要はありません。ゆっくり行ってください。口の動きを正確にすることが目的なのですから。例えば、音源を一度止めて、発音練習してみるとよいでしょう。media playerのような再生スピードを変えられる音声再生ソフトウエアなら、速さをゆっくりにして練習できます。

　③と④では、「チュ」に聞こえるtr、また強い[t]の響きをしっかり練習します。[t]では、setteeとtellの[t]を、息を溜めてから、強く長く吐き出してください。なお、④の出だしのtoは弱い発音ですので、そこは意識しなくて構いません。その分、次のtellにエネルギーを回してください。

　⑤では、まずdreds ofから練習してみてください。その際、drを「ヂ」のように強く発音します。英語らしくするには、dredsofという1単語のように発音するのがコツです。この後、timesで[t]を強く響かせます。強いエネルギーが2回連続で必要となりますので、まずはゆっくり練習します。

　⑥ではfrがポイントです。これは、[f]⇒[r]と発音するのではなく、trやdrと同様に、一気に、つまり同時に発音します。[f]を発音する段階で、すでに舌は[r]になっているのです。舌を後ろ（喉方向）に引きつつ、上前歯を下唇と触れさせるのです（噛むと力が入ってしまいますので、噛まないように）。

　BEの語頭の子音連結では、この同時感が大事です。これによって、BEらしい素早いキビキビとした響きが生まれます。

イギリス英語の弱母音

6日目は、イギリス英語の弱母音や弱形について学習します。極めて多彩な強母音に比べ、イギリス英語の弱母音は5つしかありません。また、前置詞や代名詞などの機能語の音が崩れ、弱形となるパターンも練習しましょう。

Practice

次の英語が2回ずつ流れます。下線部に注意しながら聞き、音源をマネして発音してみましょう。

🔊 28

①	delicate	[ɪ/ə][ɪ/ə]
②	forward	[ə]
③	masculine	[ə]
④	Gryphon	[ə]
⑤	Oxford	[ə]
⑥	evil	
⑦	soldier	
⑧	business	
⑨	affect / effect	[ə]
⑩	accept / except	[ə]
⑪	guerilla / gorilla	[ə]

◆解説◆

[ə] はどの母音字にも現れる！

　BEに限らず英語では、母音は強い母音と弱い母音とに分かれます。[ɑ][ɒ][iː][ɛː][aʊ] など、多様な母音のほとんどは「強母音」です。つまり強勢とともに使われる母音です。

　一方、「弱母音」は、わずかしかありません。[ə][ɪ][i][ʊ][u] の5つだけです。（なお、[ɪ][ʊ] は強母音でも使われますが、[ə][i][u] は単独では強母音では使われません。それぞれ[əʊ] [iː] [uː] として使われます）

　英語の弱い音節では、とりわけ[ə]がよく使われます。なぜならば、[ə]が一番弱い母音だからです。英語では、弱音節にエネルギーをほとんど使いません。だからこそ、一番低エネルギーで済む母音の[ə]を使うのです。なお、エネルギーを使わないからこそ、極めて短いのも特徴です。極細のボールペンで点を打つぐらいのイメージです。

　残りの弱母音は、[ə]より少しエネルギーを使います。その分、丁寧に発音する際に使われます。

　[ə]は、母音字に関係なく現れます。弱音節であれば、a、i、u、e、oのすべての母音字に現れます。①ではiやaの場合です。弱音節なので、はっきりした「イ」や「エイ」のようなエネルギーの必要な読み方はしません。②はarの場合。これも「アー」のようなエネルギーが必要な読み方はしません。③や④のuやoでも、円唇をしてしまったらやはり高エネルギーになってしまいます。⑤のorを「オー」と長く読むのは、BEではエネルギーを消費し過ぎです。

　弱音節でのiの文字は、とりわけ注意が必要です。日本人はこれを律儀に「イ」と読みたくなります。でも、「イ」はかなりエネルギーが必要な音です。一方、英語では、⑥～⑧のようなiは、弱まるどころか発音されないのです。それぞれ[íːvl] [sə́ʊldʒə] [bíznəs]です。businessは「ビジネス」などではないのです。なお、businessなどの-nessは、[nəs]または[nɪs]です。より脱力したのが前者、少し丁寧な発音が後者です。

　[ə]は、どの母音字にも現れるため、⑨～⑪のような単語のペアは、同音異義語になってしまいます*。発音はそれぞれ、[əfɛ́kt] [əksɛ́pt] [gərílə]です。日本人の場合、ローマ字のように読もうとするのでこれらが同音異義語だとは思いもよらないでしょう。しかし英語では、弱音節はスペリングは気にしないで、適当でよいのです。

---

*人によってそれぞれ違えて発音する人もいます。また、意味をはっきりさせたい場合に、違えて発音したりすることもあります。

Step 1 最も弱い母音の [ə]

下記の基本単語を使って、最もよく現れる弱母音である [ə] の発音を練習しましょう。

[ə]

 29

① acceptable

② possibly

③ gentleman

④ compliments

⑤ ability

⑥ afterwards

⑦ forwards

⑧ spectrum

⑨ prefer

⑩ Bournemouth

◆解説◆

英語では、弱いところの発音こそ大事にしよう!

BEに限らず、英語では弱い音が極めて大事です。弱い音があるから、強い音が目立てるのです。残念ながら、日本人の感覚では、弱い音はあまり大切にされていません。弱い音が十分弱くなっていないのです。

弱い音はスペリングとは関係ありません。あらゆる文字列が弱い音になりうるのです。一番わかりやすい例が、⑥afterwardsや⑦fowardsのwardsです。私たちはこれを、「ワーズ」などと読みたくなります。でもBEでは全然違う音になります。

弱い母音は、スペリングに関係なく、主に[ə]が使われます。実際、左の単語の下線部すべてに[ə]を当ててかまいません。だから、wardsの母音も[ə]です。

また、弱い部分の音は伸ばしません。弱い部分は短いのです。だからwardsも短い[wədz]です。極めて弱く短くあいまいな「ゥワヅ」です。

⑩のmouthも同様に気をつけたいものです。[máʊθ]ではなく、[məθ]です。

なお、③のgentlemanのmanは[mən]です。そしてこの複数形gentlemenのmenも[mən]です。弱い部分は、スペリングとは関係ないからです(ただし、複数であることをはっきり伝えたい場合には[mɛn]とします)。

ところで、英語の弱母音で[ə]に次いでよく使われるのは、[ɪ]です。これは、主に弱音節でのiやeなどの文字のところで現れます。

[ɪ]は、[ə]よりやや丁寧に発音したいときに使われます。左の語群で言うと、②possibly、④compliments、⑤ability、⑨preferなどの下線部などで使われます。なお、これらで使われる母音は、[ɪ]でも[ə]でもよいので、一人のネイティブであっても、揺れがあります([ɪ]についてさらに詳しくは次のStep 2で扱います)。

Step 2 弱母音の [ɪ] と [i]

下記の基本単語を使って、弱母音の [ɪ] と [i] の発音を練習しましょう。

[ɪ]

🔊 30

① nothing

② Alice

③ women

④ resistless

⑤ telegram

⑥ intimate

[i]

🔊 31

⑦ simultaneously

⑧ experience

⑨ pronunciation

◆解説◆

弱音節で最もよく現れる母音とは？

　弱い部分（弱音節）では、[ə]が一番多く現れます。これが一番弱い（一番エネルギーを使わないで出せる）音だからです。でも、[ɪ]や[i]という弱母音がふさわしいところもあります。

　①〜③が、弱母音[ɪ]の現れる例です。nothingやAlice、womenの下線部がそうです。なお、womenのoは、強勢母音の[ɪ]です。

　ちなみに、強勢母音の[ɪ]と弱母音の[ɪ]では、音質がごくわずかに違います。弱母音のほうが、脱力が大きいだけに、音が緩みます。脱力すると、口が開いてしまい、音質がより「エ」に近づきます。

　ところで、弱音節でのiやeは、以前は[ɪ]が当てられていましたが、今では[ə]が当てられることが増えています。実際、Aliceやwomenでは、[ə]の音が使われることもあります。

　④〜⑥の下線部もそうです。これらは、すでに[ə]がかなり使われるようになっている例です。そのため、ここに[ɪ]の音を当てると、伝統的で古めかしく感じられます。なお⑥のaは[ə]としても良いほど緩んだ[ɪ]です。

　⑦〜⑨は、弱音節に[i]が使われる場合です。[i]は、[ɪ]より口が横にはっきり開きます（口がさらに大きく横に動き長く発音されると、強勢母音の[iː]になります）。弱母音ながら、出すのにエネルギーが必要なので、あまり使われません。

　弱母音の[i]が使われるのは、[ɪ]では音がぼやけてしまう場合です。[i]が現れるところは、⑦[sìmltéɪniəsli]、⑧[ɛkspíːriəns]、⑨[prənʌnsiéɪʃ(ə)n]です。[i]の直後には、[ə]や[eɪ]が来ています。これらは母音図(p.15)を見るとわかりますが、[ɪ]に隣り合う母音です。

　近い（＝似た）母音が連続すると、どうなるでしょう？　境い目が不明瞭になってしまうのです。いわば、音が溶け合ってしまうというわけです。それを避けるため、あえて母音図で距離の離れた母音を使います。そうすることで、[i]と[ə]、[eɪ]の双方を引き立たせることができるのです。実際、pronunciation [prənʌnsiéɪʃ(ə)n]の下線部は、日本人学習者の多くが極めて不明瞭な、「セイ」のような発音をしてしまっています。本来そこは、「スィエイ」となるべきなのです。

句や文で練習しよう！

句や文の中では、機能語が弱まります。その練習
をしてみましょう。

🔊 32

① **you can** keep your eyes closed

みなさんは目を閉じたままでいることができます

② keep **them** open

それらを開いたままにする

③ **in them**

それらの中に

④ I don't know **what** to say.

何を言うべきかわかりません。

⑤ be kind **to** you

あなたに優しくする

⑥ I **must have been** changed

私は変わったに違いない

⑦ **whether their** children are sick

子どもたちが病気かどうか

| ◆解説◆ |

「イギリス英語はハッキリした発音！」は間違い

　「イギリス英語は発音がハッキリしている」と誤解している人が多くいます。確かにworkなどでrが響かないため、そう聞こえることもあるでしょう。しかし現実のBEは、かなり音が崩れます。弱いところでは、想像を超えるような崩れが起こることもしばしばです。

　それはたいてい「機能語」で起こります。機能語とは、代名詞・助動詞・be動詞・前置詞・冠詞・接続詞など、文中の脇役の基本単語群です。これらは通常、脇役に徹して目立ちません。それが崩れにつながります。なお、機能語の脇役としての弱い発音を、「弱形」と呼びます。

　①〜③はエマ・ワトソンのEx 3の第2文（p.108）からの引用です。二人のナレーターの発音は結構弱まっています。でも、エマ・ワトソンに比べたらまだまだです。エマの発音では、You canはほとんど聞こえないぐらい、小声です。「ユーキャン」などではなく、「ウクン」程度です。②のthemも、彼女の発音ではほぼ[m]のみで、ほとんど聞こえません。in themも[ínəm]です。エマ・ワトソンのスピーチは、全体的にはかなりハッキリした発音です。単語を区切るようにして発音することもしばしばです。ところが機能語に関しては、ときにひどく崩れます。

　④のwhatはクセモノです。BEではしばしば極めて短く[wɒ]と発音されます。そもそも日本人はwhatを「ホワット」と覚えてしまっています。そのため、この短い音形には対応できないことが多いのです。

　⑤のto youは、BEではしばしばtoが弱まって、youと結びつきます。t'you[tjúː]ないし[tʃúː]と発音されます。これはAEでは使われない形です。

　⑥は助動詞2つとbeenが並んだ場合です。3つがつながり、一気に発音されます。その際、haveの[h]が落ちます。結局、1単語のように[mʌ́stəvbɪn]と発音されます。一瞬で発音されます。意味もすぐには理解しにくいので、ちょっと厄介な表現です。

　⑦をダイアナ元妃は、かなり短く速く切れ目なく発音しています（p.120）。whetherの短さ、theirがthe程度にしか聞こえない短さを味わってください。もっともきちんとした発音をしそうな人でも、機能語は聞きにくくなるのです。実際、ナレーターのエマさんの発音もそうなっています。

1st Week
Day 7
イギリス英語の リズム

1週目のラストを飾る7日目は、イギリス英語に特有のリズムについて解説します。アメリカ英語に比べて「ゴツゴツ、カクカクして速く聞こえる」というイギリス英語の音のイメージの正体とは？

Practice

次の英語が2回ずつ流れます。太字に注意しながら聞き、音源をマネして発音してみましょう。

 33

① at the **end** of the **day**
(at the end of the day)
一日の終わりに

② **Noth**ing but **en**ergy can **save** you.
(Nothing but energy can save you.)
エネルギーだけがあなたを救うことができます。

③ The i**dea** of **hav**ing the **sen**tence **first**!
(The idea of having the sentence first!)
判決が先だ！

US

UK

◆解説◆

イギリス英語はゴツゴツ、カクカクして速い⁉

　第1週の最終日となるこの章では、イギリ人英語のリズムのイメージがわかりやすいように、文字の大きさや形を変えて表示しています。①は2拍（強勢が2つということ）、②は3拍、③は4拍の例です。

　太字は強勢音節です。そこが強くなるわけです。ただ、英語の「強い」というのは、単純に強いのではなく、1）大きく、2）長く、3）はっきりと発音するということです。

　一方、弱い音節は、1）小さく、2）短く、3）あいまいに発音します。

　リズムを語る上で意外に重要なのは、2）の長短の差です。BEでは、弱音節が思いのほか短くなります。左ページの表記ではまだまだ長いぐらいです。とにかく弱音節が素早く発音されます。

　ところで、英米のリズムの違いをイメージで表すと左下の図のようになります。わかりやすいように、ちょっと長めの5拍での図です。AEは、強勢音節も弱音節も長めに発音します。だから全体がゆるやかな曲線で構成されます。全体が長く、ゆっくりに聞こえるということです。

　一方、BEは、強勢音節も弱音節も短めです。とりわけ弱音節が短いのです。そのため、強勢音節から弱音節に切り替わった途端、一気に短くなった感じがします。だから、鋭角的なジグザグになるのです。全体の長さも短く、速く感じられます。

　BEは、「ゴツゴツ、カクカクして速い」というイメージを持ったことがある人もいるでしょう。それはこんな理由があったのです。

　もっとも本書のナレーターは読みのプロであるため、そこまでゴツゴツした発音にはなってはいません。でも、BEの発音の特徴はこのジグザグの感じです。これを常に頭の片隅に置いて、発音に向き合ってみてください。

　ちなみに、③のideaはここでは2音節語（i-dea）として扱っています。ただ辞書ではよく、i-de-aと3音節に分けて表示してあります。AEでは、実際に[aɪ díː ə]と3音節扱いです。強勢音節はdeで、長母音[iː]を使うのです。一方、BEでは[aɪ díə]です。強勢音節はdeaで、二重母音[ɪə]（[ɪː]とも発音します。*p.*40参照）を使います。

Step 1 — 2拍のリズムで練習！

まずは、強勢音節が2つある英文から。2つの山のあるリズムを意識しましょう。

 34

① tre**men**dous **high**
とてつもなく高い

② **crash**ing **low**
ひどく低い

③ at the **end** of the **day**,
一日の終わりに

④ **bap**tism of **fire**
火の洗礼

⑤ **wom**en in our so**ci**ety
私たちの社会の女性

⑥ an **anx**ious **zom**bie
不安なゾンビ

⑦ con**form** to the **norm**
規範に準拠する

⑧ the **ones** who can **cope**
対応できる人

⑨ **place** me in the **dock**.
私をドックに置く

⑩ **busi**ness of im**por**tance
重要なビジネス

62

◆解説◆

イギリス英語らしいリズムに慣れよう！

　強勢音節が2つの例です。まずはこのぐらい短いもので、BEらしいリズムを練習してください。まずは文字を読むより、音を聞いてマネするところから始めてください。細かなところよりまずリズムの波をつかむのが先です。

　文字を読む段階では、途中で区切らないように。各句とも、長い1単語のつもりで発音してください。とりわけofやinなど、母音で始まる単語は、前の単語にくっつけるのがコツです。例えば⑤では、最初の3語が1単語のようにつながります。womeninourのようになるのです。

　⑥のような冠詞anは、後ろの単語とつながるのが宿命です。ここではanánxious です。anを見たら必ず次の語とつなげるようにしてください。

　弱音節はできるだけ、弱く、短く、あいまいに。そこでの母音は、はっきり言う必要はありません。ほんの一瞬、声を出しさえすればいいのです。弱音節はほとんど[ə]でいいのです。だから、丁寧に発音しようと思わなくて、構いません。

　例えば⑦のto、theを「トゥー、ザ」と発音したら、英語のリズムではまったくの字余りです。to theは、極細のボールペンで点を2つ打つような感じで発音するのです。文字で表すなら半角の「ﾀｽﾞ」でしょうか。とにかく短く、素早くです。

　⑨では、me in theで弱音節が3つも続いています。日本式の発音だとかなり長く伸びてしまいます。でもBEとしては「…」（半角の点を3つ素早く打つ）のイメージです。

　ちなみに、⑩のbusinessでは、busiまでが太字です。一見、強勢が2音節にわたっているかのようです。でも、実はこのbusiのiは発音しないのです。busiで[bíz]という1音節なのです（p.53参照）。

※機能語の発音について詳しく学びたい方は、「YouTube 小川直樹の英語発音動画　機能語　弱形」で検索して、筆者制作の機能語弱形の練習動画をご覧ください（複数本あります）。動画の発音は AE ですが、弱形の弱まり方の基本は同じですので、参考になるはずです。

★こちらのサイトで機能語弱形のレッスンが聞けます。
小川直樹の英語発音動画

Step 2 3拍のリズムで練習！

次は、強勢音節が3つある英文です。強勢は長く、弱音節は短くと、メリハリをつけて読みましょう。

🔊 35

① The **drugs** had **closed** her **down**.

薬のせいで彼女はダメになりました。

② her **sau**cer of **milk** at **tea**-time

ティータイムの彼女のミルクの受け皿

③ when **all** is **said** and **done**,

結局のところ、

④ the **smell** of **strong** to**bac**co

強いタバコの臭い

⑤ **gave** a **bob** of **greet**ing

ひょいとあいさつをした

⑥ **Noth**ing but **en**ergy can **save** you.

エネルギーだけがあなたを救うことができます。

⑦ **Dan**ger is **part** of my **trade**.

私の仕事には危険が付きものでね。

⑧ **strug**gling in a **daze** of ex**haus**tion

疲労困憊の中で奮闘すること

64

| ◆解説◆ |

強勢と弱音節の長短を意識しよう！

　英語らしいリズムを生み出すには、強勢個所でただ力めばいいのではありません。強勢は伸ばします。そして、弱音節は限りなく短く言うようにします。その長短のコントラストがあってこそ、初めて強勢が浮かび上がるのです。

　①のhadやherのようにhで始まる機能語は、弱く発音される場合、[h]が落ちます。これらの機能語は母音で始まることになり、前の単語と結びつきやすくなります。結果、弱いところが、より短く発音されることになります。強弱リズムがよりはっきりしてくるのです（ナレーターのマイクさんは[h]を入れて読んでいますが、単語の切れ目はほとんど感じられないぐらい密接につなげて読んでいます）。

　②のsaucer ofは、この2語で1つの単語と思って発音してください。特にcer ofがくっついて短くなります。なお、saucerのauは[ɔː]です。二重母音のように読まないように。このsaucer of milkという句は、音が崩れやすいものです。この点については、8日目のAlice Ex 1 (p.72)をご覧ください。

　③では、when allがつながります。whenも[wən]なので、[wənɔ́ːl]という感じです。

　④のstrongでは、ｓで声を出さないように。trはくっつけて「チュ」のように発音します。strongのoの母音は[ɒ]です。口を大きく開けた「オ」です。

　⑤のgave aがつながります。冠詞aは、常に前の単語につなげるつもりでいてください。またofも同様です。

　⑥のbutやcanは、日本式の「バット」やら「キャン」では、リズムに乗れません。とにかく[bət]、[kən][kn]（後者は母音なしのcan。これは鼻詰まりのとき、息を鼻から出そうとする感じ）といった、一瞬の発音を目指してください。カタカナの発音だと、まったく字余りになります。

　⑦のdangerの強勢母音は、二重母音[eɪ]です。カタカナ英語では「デンジャー」ですが、これはあくまで日本語の発音です。

　⑧のstruggleは、2音節から成る単語 (strug-gle) です。言いにくいときは、rug→trug→strugと段階を追って発音練習してみてください。exhaustionは[ɪɡzɔ́ːstʃ(ə)n]。exhは[ɪɡz]の他に[ɛks]など読み方に幅があります。ただしauは[ɔː]です。

Step 3 — 4拍のリズムに挑戦！

最後は、強勢音節が4つある英文の音読に挑戦です。4拍とは「強弱」が4セットあることです。

 36

① the **heav**y **bur**den of at**tend**ing to **oth**ers

他人に気を配るという重荷

② **Let** me **pay** you **one** in re**turn**.

代わりに1枚お支払いしましょう。

③ **Al**ice re**plied ver**y po**lite**ly.

アリスはとても丁寧に答えました。

④ The i**dea** of **hav**ing the **sen**tence **first**!

判決を先にするという発想！

⑤ The **Queen shout**ed at the **top** of her **voice**.

女王は大声で叫んだ。

⑥ The de**lay** is **noth**ing, the de**ci**sion is **ev**erything.

遅れは問題じゃない、決定がすべてさ。

◆解説◆

リズムの単位は「強→弱」

　リズミカルに読むには、単語をひとかたまりにまとめることが不可欠です。その際、強勢のある部分を最初に、それ以外はその後ろにくっつけるようにします。こうして、最初に強勢のある、長めの単語を読むようなつもりでいると、リズムが作りやすくなります。

　②のLet meで見てみましょう。これはLétmeという1単語と思って発音せよ、ということです。このような、強で始め、弱で終わる単位を「脚」と言います。脚をわかりやすいイメージで表現すると、▷(三角) です。

　最初の元気なうちにエネルギーをたっぷり使って、だんだんしぼんでいく。それが ▷ の表現してることです。この ▷ を、4拍なら4つ並べて発音する、というわけです。例えば、②は以下のようになります。

② **Let** me **pay** you **one** in re**turn.**

　なお、②のreturnのreは、リズムの点では**one** で始まる ▷ のしっぽの部分として扱います。リズムは、基本的に強で始め弱で終わらせます。これが自然なリズムなのです。単語の切れ目とリズムの切れ目は必ずしも一致しません。

　また、⑥のコンマの個所のように途中で明らかな区切れ目がある場合、もちろんそこで切って構いません。

　▷ の考え方を、リズムの最後の段階になってやっと紹介しました。でも、これは4拍だけに当てはまるのではなく、2拍でも、いや1拍でも、英語のリズムすべてに当てはまります。

　英文を読む際には、常に ▷ を意識して読んでみてください。そうすれば、あなたの発音に自然なリズム感が生まれます。

発音に気をつけて
音読してみよう!

2nd Week

発音の基礎を学んだら、いよいよ本格的に音読に取り組みます。下記のチェック欄は復習時の記録用にお使いください。

Day 8 『不思議の国のアリス』で音読①

Practice	Step 1	Step 2	Step 3
□□□	□□□	□□□	□□□

Day 9 『不思議の国のアリス』で音読②

Practice	Step 1	Step 2	Step 3
□□□	□□□	□□□	□□□

Day 10 シャーロック・ホームズで音読①

Practice	Step 1	Step 2	Step 3
□□□	□□□	□□□	□□□

Day 11 シャーロック・ホームズで音読②

Practice	Step 1	Step 2	Step 3
□□□	□□□	□□□	□□□

Day 12 エマ・ワトソンのスピーチで音読

Practice	Step 1	Step 2	Step 3
□□□	□□□	□□□	□□□

Day 13 カンバーバッチの朗読で音読

Practice	Step 1	Step 2	Step 3
□□□	□□□	□□□	□□□

Day 14 ダイアナ元妃のスピーチで音読

Practice	Step 1	Step 2	Step 3
□□□	□□□	□□□	□□□

2nd Week Day 8

『不思議の国のアリス』 で音読①

8日目・9日目は、イギリスの作家ルイス・キャロルが書いた『不思議の国のアリス』（*Alice's Adventures in Wonderland*）を題材に、音読を行います。本格的な音読に入る前に、まずはタイトルの発音を確認しましょう。

Introduction 🔊 37

　まずタイトルの *Alice's Adventures in Wonderland* の発音について解説しておきましょう。Alice's は [álɪsɪz] です。強勢母音は [a] です。次の Adventures の A- は同じ発音ではありません。ここは強勢がないので [ə] です。[ədvéntʃəz] です。BE では tures は短く。カタカナ英語式の「（アドベン）チャーズ」のように長くはなりません。また in は、tures に続く一部のように「チャズィン」とくっつけて発音します。

　Wonderland は、日本語では3つの母音すべてが同じ「ア」です。でも英語ではそうはいきません。それぞれ [ʌ]、[ə]、[a] です。ただし、BE でのこの差は意外と小さいものです（だからこそ正確に発音し分けるのは難しいのです）。タイトルに含まれるア系母音の個所に発音記号をつけると、こうなります。

Alice's Ad**ven**tures in **Won**derland
[a]　　　[ə]　　　　[ə]　　　[ʌ]　[ə] [a]

　このタイトルでは、Al と ven と Won の3カ所が強くなります。3拍のリズムで読むということです。中でも最後の Won が一番際立つように発音します。英語の句は通常、最後の強勢音節に一番強い強勢がつくためです

　このタイトルの強弱は、最後から逆算することで決められます。なぜならば、1）英語のリズムは、強と弱が交互に現れるからです。2）そして、一番最後が一番強いからです。その結果、次のようになります。

Alice's ← Adventures ← Wonderland
強　　　　　　　中　　　　　　　　最強

　次に作者、Lewis Carroll の発音です。[lùːɪs kár(ə)l] です。ファースト
ネームは、日本では短い「ルイス」です。でも英語では、この強勢母音は長い
[uː] だということを忘れないようにしましょう。なお、人名の強勢は句同様、
後ろ側に第一強勢がつきます。Carroll を一番強く言うわけです。

音読では韻に注意しよう！

　アリスの物語は、子ども向けであるために比較的やさしく書かれています。
とはいえ、今から百数十年前のビクトリア朝の文学です。私たちがすべてをス
ラスラ理解できるほどやさしくはありません。

　また本文には、韻やナンセンスな言葉遊び、遠回しな言い方など、日本人に
はよくわからないような言葉の仕掛けがあちこちに現れます。

　とりわけ韻は、文学作品の音読では、絶対に見過ごせないものです。という
のも、英語圏の人々は小さいうちから、韻を発音の基礎として教え込まれるか
らです。そんな人たちの書く作品には、もちろん韻がたくさん散りばめられて
います。読み手も、ネイティブなら敏感に韻を意識して読むことができるで
しょう。だからこそ、英文学の音読では、韻は常に意識しておくべき事項です。

　例えば、次の Ex 1 に現れる Do cats eat bats? の文は、韻（脚韻＝語末を同
音にそろえること）が深く関わっています。アリスはときどき、cats と bats を
逆に言ってしまうとのことですが、これは bats と cats が韻を踏んでいるから
こそ起きるのです。

　また Ex 3 には Alice added as an explanation. という文があります。Alice
も added も強勢母音は、語頭の [a] です。この場合、次の as も [a] で始める
と、韻（頭韻）が 3 つそろいます。as は機能語で、基本的には弱く読むもので
す。だから弱く、[ə] で始めてもよいのです。でも、ナレーターのエマさんは、
as に強勢母音の [a] を当てて、[a] で始まる三拍のリズムを生み出しています。

『不思議の国アリス』の第1章、白ウサギを追いかけたアリスが穴に落ちていく冒頭部分からの引用です。音源を聞きながら、何度も声に出して音読してみましょう。また、①〜③の空欄に入る英語を聞き取ってみてください。解答は右のページにあります（以下同）。

 38

Down, down, down.

There was nothing else to do, so Alice soon began

talking again.

"Dinah'll miss me very much to-night, I should think!"

(Dinah was the cat.)

"I hope they'll remember (①   ).

Dinah my dear! I wish you were down here with me!

(②   ), but you might catch a bat, and that's

very like a mouse, you know.

But do cats eat bats, I wonder?"

And here Alice began to get rather sleepy,

and went on saying to herself, in a dreamy sort of way,

"(③   )" and sometimes, "Do bats eat cats?"

(113 words)

※日本語訳は p.126 をご確認ください。

◆解答と解説◆

① her saucer of milk at tea-time

　　BEがわかりやすいのは「1単語1単語をハッキリ言うからだ」と思っている人が少なからずいます。でも、そんなことはありません。このsaucer of milkはつながっています。しかも-cer ofの部分は溶けてつながっているような状態です。[sɔ́ːsə][əv][mílk]ではなく [sɔ́ːsəvmílk]なのです。とりわけ下線部は短くあいまいです。日本人にはかなりわかりにくい表現です。

　　ただネイティブにとっては、猫に与えるミルクはsaucerで供するものです。彼らにはa saucer of milkはひとかたまりの表現です。全体でわかればよいので、部分的に雑になることもあるのです。

② There are no mice in the air, I'm afraid,

　　出だしが難関です。There is / areは、かなり弱く短く発音されるのが普通です。一語一語はっきり発音する日本式で覚えているとまず聞き取れません。

　　また上述したように、BEは日本人が思っているよりはるかに音がつながります。no mice in the air, I'm afraidはその典型です。すべて切れ目なくつながった1語のような発音です。ちなみに、theは極細のボールペンで点を打つような、瞬間的な短さです。はっきり「ジ」と言っては間延びします。

　　特筆すべきは、airがI'mとつながり、[ɛ́ːraɪm]となっている点です。airを単独で発音すると[ɛ́ː]で、r は発音しません。でも後ろに母音で始まる単語が来るとr（「つなぎのr (linking r)」と呼ばれます）が現れるのです。

　　ただ「つなぎのr」は常に使われるものではありません。①のsaucer of milkの下線部では現れていません。12～14日目に出てくるエマ・ワトソン、ベネディクト・カンバーバッチ、ダイアナ元妃もあまり使っていません。

③Do cats eat bats? Do cats eat bats?

　　ここにはBEの特徴が顕著に表れています。ポイントはイントネーション。Doで始まるこの文は、yes-no疑問文ですが、上昇調ではありません。Doで始まる命令文か、とさえ思えそうな、下降調です。BEでは、「yes-no疑問文＝上昇調」という日本人の常識は通用しません。それは、日本の英語教育のベースとなっている、AEの発音です。BEを学ぶ人は、yes-no疑問文のイントネーションに注意してください。

　　また、catsとbatsの母音も要注意です。一般的には[æ]と表記されますが、この記号で日本人がイメージするのは、AEの音です。AEの[æ]は「エ」の成分が強く、長いのです。でもBEの[æ]は、「エ」を抑えた短めな[a]です。[a]はほぼカタカナの「ア」の音で、口の前のほうを意識して発音すると感じが出ます。特に一番最後のDo bats eat cats?のcatsには「エ」の成分が入っていません。

『不思議の国アリス』の第5章から、アリスがいもむしと出会い、気まずい会話を展開する場面からの引用です。音源を聞きながら、何度も声に出して音読してみましょう。また、①〜③の空欄に入る英語を聞き取ってみてください。

 39

"Who are you?" said the Caterpillar.

This was not an encouraging opening for a conversation.

Alice replied, rather shyly, "I—I hardly know, sir,

just at present—at least (①   ),

but (②   ) several times since then."

"What do you mean by that?" said the Caterpillar sternly.

"Explain yourself!"

"(③   )" said Alice,

"because I'm not myself, you see."

"I don't see," said the Caterpillar.

"I'm afraid I can't put it more clearly,"

Alice replied very politely,

"for I can't understand it myself to begin with; and being

so many different sizes in a day is very confusing."

"It isn't," said the Caterpillar.

(123 words)

※日本語訳は p.126 をご確認ください。

◆解答と解説◆

① **(at least)** I know who I was when I got up this morning

　書き取り自体はあまり難しくないでしょうが、BEらしさがいくつも現れています。まずknowが二重母音[nóʊ]です（ただし、ナレーターのエマさんは[nóʊ]と発音しています。[oʊ]は古いRPの音なので、BEとして問題ありません）。でも[nóː]だと、BEでは田舎くさい発音です。no、only、roadなど、[əʊ]を使う基本単語は数多あります。[oː]にならないよう注意が必要です。

　ここでもう1つ大事なのは、wasの発音です。私たちは安易に「ワズ」と言いがちです。でも「ゥオズ」（[wɒz]）です。これもBEらしさを表す大事な基本単語です。

　またgot up this morningのイントネーションもBEらしいものです。gotで下降し、morningの最後で上昇しています。複数の単語にわたる下降上昇調（分離降昇調）は、AEではあまり聞かれません。

② **(but)** I think I must have been changed **(several times since then.)**

　I think I must have beenがポイントです。日本人には気づかないようなところでも、単語がつながってしまいます。空欄の前のbutも、Iとつながっています。thinkと2番目のIもつながります。mustとhaveもつながります。

　haveは[h]が落ちることで[əv]となり、mustと結びつきます（プロのナレーターであるエマさんの場合、[h]を微妙に残しているようにも聞こえます）。なお、助動詞＋haveでは助動詞が強くなります。

　とはいえ、butからbeenまでの単語は皆、弱く短く発音されています。しかもエマさんの声は裏返るぐらい高くなっています。日本人には聞き取りが難しい個所です。

③ I can't explain myself, I'm afraid, sir.

　この後に続く文ではcan'tがいくつも出てきます。その母音[ɑː]は、口を大きく開けて、喉の奥から出す「アー」です。日本人が普通に「アー」と言うと、口の開きも音質も不十分で、洗練されたcan'tにはなりません。

　この文ではcan'tで下降が起こり、そのまま低く進み、最後のsirで上昇しています。下降上昇調（分離降昇調）です。下降が起こるのは一番大事なところです。実際、explain myselfは前の発言を受けた古い情報ですし、I'm afraidにも大した情報量はありません。can'tが新情報、つまり最重要情報なのです。それゆえexplain以下は目立たせる必要がないため、低く進みます。でもこのままでは終わりがわかりませんので、最後で上昇させて終了を示します。

『不思議の国アリス』の第6章から、アリスがチェシャ猫と
出会う場面からの引用です。猫はアリスに帽子屋と三月ウ
サギ（March Hare）の家の方向を教えます。音源を聞き
ながら、何度も声に出して音読してみましょう。また、①
〜③の空欄に入る英語を聞き取ってみてください。

🔊 40

"(①   ), which way (①   )"

"That depends a good deal on where you want to get to,"

said the Cat.

"I don't much care where—" said Alice.

"Then it doesn't matter which way you go," said the Cat.

"—so long as I get somewhere,"

Alice added as an explanation.

"(②   )" said the Cat, "(②   )"

Alice felt that this could not be denied,

so she tried another question.

"What sort of people live about here?"

"In that direction," the Cat said, waving its right paw round,

"lives a Hatter: and in that direction,"

waving the other paw, "lives a March Hare.

(③   ): (③   )"

(125 words)

※日本語訳は p.126 をご確認ください。

◆解答と解説◆

① Would you tell me, please (, which way) I ought to go from here?

　　一番注意すべきは、イントネーションです。yes-no疑問文ですが、まったく上昇が現れていません。前半ではpleaseではっきり下降しています。後半では、hereで下降しています。日本人はこういう文を見ると、上昇調を使いたくなります。しかしそれはBEには当てはまらないのです。

　　また、出だしのWouldの[w]に注意してください。日本式発音では、wouldは「ウド」ですが、これではまったく物足りません。焦らずゆっくり、しっかり唇を丸めるように。もちろん、youと結びつき[wúdʒu]となります。

　　なお、fromの発音は[fm]となっています。まったく「フロム」ではありません。BEは、私たちが思う以上に音が崩れます。

② "Oh, you're sure to do that," (said the Cat,) "if you only walk long enough."

　　「オ」の見本市のような文です。まずOhは典型的な[əʊ]です。you'reとsureはいずれも[ʊə]ではなく、[ɔː]を使っています。sureが「ショー」となるのはかなり知られていると思いますが、you'reも見逃してはいけません。

　　後半のonlyのoは[əʊ]です。これも見逃しやすい点です。でも洗練されたBEの発音をするためには忘れてはいけません。walkは[wɔːk]です。出だしのwと合わせしっかり円唇させます。さらにlongでは[ɒ]です。口を大きく開けた短い「オ」です。なお、if you only walkまでは滑らかに、切れ目を入れずに発音します。

　　この一文では、いわば「オ」の三段活用が現れています。「オ」を三種類も区別するのは難しいかもしれません。しかしこれがBEなのです。

③ Visit either you like(:)they're both mad.

　　eitherは[áɪðə]です。Visitとつなげて、Visitéitherのような1語として発音します。[v]と[ð]は摩擦音です。力まず滑らかに長く発音してください。さらにyou likeも切れ目を入れずに発音します。

　　bothの母音は[əʊ]です。語末の[θ]も忘れずに。madの母音は辞書では[æ]ですが、[a]です。まったく「エ」の成分はありません。なお、この文のイントネーションは興味深いものです。they're bothは普通の高さです。madの[ma]で、急に声がかすれるぐらい低く長く発音して、最後の[d]にかけて高く発音しています。急激な音程の下降と長さ、さらに最後の微妙な上昇による余韻で、madが妙に気になる感じで耳に残ることになります。

Day 9

『不思議の国のアリス』
で音読②

9日目は引き続き、『不思議の国のアリス』の一節を音読していきます。今度はキャラクターごとの演じ分けや、イギリス英語らしいイントネーションにも注目しながら聞いてみてください。

Introduction

イギリス英語らしいイントネーションを味わおう！

　8日目・9日目の朗読を担当しているナレーターのエマ・ハワードさんは、アリスのキャラクターを見事に演じ分けています。声色、高低、強弱など声の表現が多彩です。それだけに、BE らしいイントネーションもよく出てきます。

　次の Ex 1 の I don't see any wine. はその典型です。see で下降、wine で上昇しています。8日目の Ex 2（p.75）でも見た、下がって上がるイントネーション、「降昇調」です。降昇調は、1単語の中でも起こりますが、この例のように複数の単語にわたって現れることもあります。この複数の単語間で起こる降昇調を、特に「分離降昇調」と呼びます。この分離降昇調こそが、BE らしいイントネーションです。AE ではあまり聞かれません。

　分離降昇調では、下降調が主役です。下降調がつくのは、その文ないし句での最重要情報です（これは分離降昇調の中の下降調だけでなく、一般的な下降調にも言えることです）。

　でも、最重要の情報を伝えてしまったら、文ないし句の残りは、目立たせる必要はありません。なので低く進行します。

　そして、最後を示すために上昇します。英語では、文や句の最後の部分は通常、最重要情報が来る場所なのです。だから、通常はそこに下降調をつけるのです。でも、分離降昇調が起こる文や句では、最後の位置は最重要ではありません。とはいえ重要度は多少なりともあるのです。それで少し目立たせるために、音程の変化をつけることになります。ただ、すでに下降調が起きてしまっていて、声は低く進行しているので、この時点でできる音程の変化は、上がることのみです。それで上昇調が最後に使われるのです。

分離降昇調は、下がって上がるので、音程の変化が激しく聞こえます。これがよく使われる BE は、だからこそ歌うように華やかに聞こえます。

　BE の発音を身につけようと思えば、母音や子音だけでは不十分なのです。常に、イントネーションやリズムなどにも注意を払うことが必要です。

　これらに意識が払えるようになると、BE 独特の微妙な言い回しが少しずつ理解できるようになります。英国は古い歴史を持つ、小さな島国です。日本と同じように、繊細な人間関係が不可避な世界ということです。だからこそ、繊細な表現が発達しました。その表現形態の１つが BE 独特のイントネーションなのです。

英語のト書き表現にも注目しよう！

　ナレーターのエマさんは表現力が豊かだからこそ、セリフの部分とト書きの部分との区別が非常にはっきりしています。ここから、英語（BE に限らず）におけるト書きの表現の仕方を、学ぶことができます。

　ト書きは、文学作品の音読・朗読には欠かせない要素です。でも、それをどう読むかは、なかなか学ぶ機会がありません。BE の音読を楽しみたい方は、エマさんの読みからあれこれ学んでください。

　基本的にト書きは、文章中の脇役（あるいは黒子）です。目立つべきところではありません。だからこそ、声を抑えて発音します。つまり、声を小さく、低く発音するということです。低めに発音しているので、音程の変化も小さくなります。

　ただ低く進行するので、Ex1 の最後のト書き Alice said with some severity. のように、最後を際立たせるために音程が上がることもよくあります。

　一方、セリフの部分では、ト書きとは逆に、声を張ったり、大きな高低差をつけたりと、本当に生き生きとした華やかな音声表現がなされています。低く抑えたト書きの読み方があるからこそ、セリフでの表現はよけいに際立ちます。この対比をよく味わってください。

Exercise 1

『不思議の国アリス』の第7章から、アリスが三月ネズミ（March Hare）と帽子屋（Hatter）からお茶会に招かれる場面からの引用です。音源を聞きながら、何度も声に出して音読してみましょう。また、①〜③の空欄に入る英語を聞き取ってみてください。

 41

"Have some wine,"

the March Hare said in an encouraging tone.

Alice looked all round the table, but there was nothing

on it but tea. "(①   )" she remarked.

"There isn't any," said the March Hare.

"Then (②   ) to offer it," said Alice angrily.

"(②   ) to sit down without being invited,"

said the March Hare.

"I didn't know it was your table," said Alice;

"it's laid for a great many more than three."

"(③   )" said the Hatter.

He had been looking at Alice for some time

with great curiosity, and this was his first speech.

"You should learn not to make personal remarks,"

Alice said with some severity; "it's very rude."

(127 words)

※日本語訳は *p.*126 をご確認ください。

80

◆解答と解説◆

① **I don't see any wine,**

　書き取りとしてはやさしいでしょう。しかしここで聞くべきはそのイントネーションです。すでに紹介した分離降昇調です。BEでは、この下がって上がるパターンが頻繁に現れます。BEらしさを生み出す大事な要素です。

　<u>下降調は新しい情報につけます。</u>ここではdon't seeという句が新情報です（ちなみに、英語では句全体を代表する位置は最後です。それでdon'tではなく、seeに下降調がつくのです）。(any) wineはすでに出てきた情報なので、下降調はつきません。なお、文の中ほどで下降が起こるため、残りは低く進むことになります。そして最後を上げることで、文の終わりを示します。

② **(Then) it wasn't very civil of you / It wasn't very civil of you**

　この2つの文はまったく同じですが、読み方が違います。ポイントは最後のyou。6行目では、youは素早く、弱く、短く消え入るように発音されています。いわばcívilofyouという、第1音節に強勢のある、長い単語の最終音節といった感じです。

　一方、7行目はcìvilofyóuという、最後に強勢のある単語のように発音されています。6行目の文を受けて、「君のほうこそ失礼だよ」という意味を表しています。意味の伝わる音読では見逃してはいけない点です。

　両文のwasn'tの発音にも注意しましょう。「ワズント」ではなく、「ゥオズント」（[wɒznt]）です。しっかり唇を丸めます。

③ **Your hair wants cutting,**

　Your airが、「ヨー、ヘー」[jɔ́ː hɛ́ː]のように発音されていることがポイントです。ここでは、この主部のYour hairが、述部より目立つように発音されています。それまで話題はテーブルでした。その流れを遮って、アリスの髪の毛を話題にしようと、強い言い方で割り込んできたのです。

　ところで、このcuttingと直後のHatterの[t]は、しっかり発音されています。語頭の[t]はなおさら強まります。4行目のteaがその典型です。BEでは、常に口や舌に緊張感が必要です。

『不思議の国アリス』の第9章から、アリスがハートの女王と会話する場面からの引用です。女王はアリスに Mock Turtle（にせウミガメ）は知っているかと尋ねますが……。音源を聞いて、何度も声に出して音読しましょう。また、①〜③の空欄に入る英語を聞き取ってみてください。

 42

Then the Queen left off, quite out of breath,

and said to Alice, "Have you seen the Mock Turtle yet?"

"No," said Alice.

"I don't even know what a Mock Turtle is."

"It's the thing (①   )" said the Queen.

"I never saw one, or heard of one," said Alice.

"Come on, then," said the Queen,

"and he shall tell you his history."

They very soon came upon a Gryphon, (②   ).

(If you don't know what a Gryphon is, look at the picture.)

"Up, lazy thing!" said the Queen, "and take this young

lady to see the Mock Turtle, and to hear his history.

I must go back and see after some executions I have

ordered;" and she (③   ), leaving Alice

(③   ) Gryphon.

(135 words)

※日本語訳は p.127 をご確認ください。

┃ ◆解答と解説◆ ┃

① **"(It's the thing)** Mock Turtle Soup is made from,"

英語では、ひとまとめに発音する単位 (句) には、必ず一番際立つ個所があります。この位置がズレると、不自然に聞こえます。だからこそ、句での強勢位置には常に敏感でいたいものです。

Mock Turtle は Mòck Túrtle です。これは「形容詞+名詞」の句です。英語の句は、最後の単語が一番強くなるのが基本です。

Mock Turtle Soup は、Mòck Turtle Sóup です。これは「原材料名+**名詞**」の句です。原材料名(Mock Turtle)は形容詞として働きます。つまり、「形容詞+**名詞**」句の一種です。ここでは soup が一番強くなります。

ただ、ここでの Mock Turtle は、Mock のほうが強くなっています。なぜでしょう。Turtle が強いと、一番強い Soup と強勢が隣り合ってしまいます。強勢は目立ちたがり屋です。他の強勢とは、できるだけ離れて存在したいのです。その結果、Soup からより離れた Mock が、Mock Turtle を代表する強勢として選ばれます。これは「強勢移動」という現象です。Jàpanése と the Jàpanese lánguage、ÙKとÙK cítizenなど、英語では意外とよく起こります。

② lying fast asleep in the sun

「ア」の使い分けがポイントです。lying では二重母音の[aɪ]。二重母音では前側の音、ここでは[a]が主役です。音質は「ア」で構いませんが、長めに。 二番目の要素の音[ɪ]は短く、ちょこっと添えるだけです。前後を半々のバランスで「ア・イ」と言ってしまうと、日本語的な発音になってしまいます。fast は[ɑː]。口を大きく開け、喉の奥から。asleep と the の下線部は[ə]。力を入れず、できるだけ弱く短く。sun は[ʌ]です。口をあまり開けずに「ア」と言います。

③ **(and she)** walked off, **(leaving Alice)** alone with the **(Grypon)**.

「オ」の使い分けがポイントです。walked は[ɔː]。口をしっかり丸めます。off は辞書では短い[ɔ]で表記されているかもしれませんが、本当は口を最大限に開けた「オ」、[ɒ]です。音声をよく聞くと walked と off では音質が違うことがわかります。alone では[əʊ]。口をあまり開けません。なお、with the はひとまとめに withe [wɪðə]のように発音しています。機能語は弱く、短く、あいまいに、崩してよいためです。

『不思議の国アリス』の終盤となる第12章から、アリスが
裁判にかけられ、判決（sentence）を言い渡される場面
からの引用です。音源を聞きながら、何度も声に出して音
読してみましょう。また、①〜③の空欄に入る英語を聞き
取ってみてください。

 43

"No, no!" said the Queen. "(①   )."

"Stuff and nonsense!" said Alice loudly.

"The idea of having the sentence first!"

"Hold your tongue!" said the Queen, turning purple.

"I won't!" said Alice.

"Off with her head!" (②   ).

Nobody moved.

"Who cares for you?" said Alice,

(she had grown to her full size by this time.)

"You're nothing but a pack of cards!"

At this (③   ), and came flying down upon her:

she gave a little scream, half of fright and half of anger,

and tried to beat them off,

and found herself lying on the bank.

(113 words)

※日本語訳は *p.*127 をご確認ください。

◆解答と解説◆

① Sentence first—verdict afterwards

　2つの句からなるセリフです。句では、最後の単語（内容語*）が際立つよう に発音されます。first と afterwards が際立つのです。ただし、両者のイントネーションは異なります。first では、いったん下がって上がる降昇調です。上がることで続きがあることを示唆しています。一方、afterwards では下降調です。下降調は、1）新しい情報、2）完結（これで終わり）を示します。first の母音は、口をあまり開けない[ə:]です。verdict の強勢母音も同じです。

　一方、afterwards の強勢母音（下線部）は[ɑ:]です。[ə:]とは対照的な、口を最大限に開けて、喉の奥から出す「アー」です。またwards [wədz]の短さとあいまいさにも注意してください。語頭の[ɑ:]とは正反対です。スペリングにつられて、はっきり長く発音しないように。

② the Queen shouted at the top of her voice

　いわゆるト書きの読み方です。ト書きは、セリフを浮き立たせるような読み方をします。つまり、声を低く、小さくして、感情も抑え目に読みます。ここでは切れ目なく、淡々と、それでいて緊張感が伴うような速めのスピードで読まれています。

　しかし、at the top of her voice では、top [tɒp]と voice [vɔɪs]がはっきり際立ち、残りの機能語は目立たないような読み方になっています。声も高低差も抑えた中で、メリハリのある読み方がされているのです。

③ the whole pack rose up into the air

　英語らしいリズムで文を読む練習をするのに、格好の文です。この文は the whole **pack**、rose **up**、into the **air** の3つの句に分かれます。いずれも句の最後が目立ちます。太字の単語がそれです。この文を何度も読んで、句末の単語が強くなる読み方に習熟してください。

　なお、whole と rose は[əʊ]、pack は[a]、up は[ʌ]です。「オ」や「ア」の母音の使い分けは正確に。

＊名詞・動詞・形容詞・副詞など、情報を伝えるうえで大事な品詞群の単語

2nd Week
Day
10

シャーロック・ホームズ
で音読①

10日目と11日目は、シャーロック・ホームズの物語から引用した英文を音読していきます。音読に入る前に、まずはシャーロック・ホームズや作者であるアーサー・コナン・ドイルの発音を下記の音声で確認してみましょう。

Introduction 🔊 44

　まずシャーロック・ホームズの名前の発音を確認しましょう。Sherlock Holmes [ʃɜ́ːlɒk hə́ʊmz] です。人名は基本的には、後ろ側（姓）が強くなります。また、Dr Watson（BE では Dr の後のピリオドは不要です）、Professor Moriarty などの敬称と組んだ場合も同様で、後ろが強くなります。

　Sherlock Holmes のような日本でもよく知られた名前は、日本語の癖が染みついてしまっています。そのため、英語の発音への切り替えが難しいものです。英語は、日本語とまったく別の発音、と割り切る必要があります。

　まず出だしの [ʃ] は、口を丸めて長く発音すると英語らしくなります。また強勢母音 [ɜː] では、口を大きく開けないように。lock は「錠前」の lock と同じです。ときどき [l] は日本語のラ行子音と同じだと誤解している人がいます。ラ行子音では [l] になりません。舌をしっかり押しつけて [l] をキチンと響かせてください。次の [ɒ] は口を大きく開ける「オ」です。

　Holmes の BE の母音は [əʊ] です。日本語では「シャーロック」も「ホームズ」も、どちらも同じ母音「オ」（長さは違いますが）を使います。でも、BE では別々の母音を使います。BE を学ぶ際には、とりわけ「オ（ー）」の区別に敏感になる必要があります。なお、Holmes に [oː] を当てると、地方訛りになります。

　次に、作者の Arthur Conan Doyle の発音です。Arthur Conan Doyle は [ɑ́ːθə kə̀ʊnən dɔ́ɪl] です。やはり最後の Doyle が一番強くなります。Arthur と Conan はともに第二強勢の記号をつけました。でも大きさでわかるように、Arthur のほうが強くなります。Conan は少々弱まります。

　こうなるのは、英語のリズムの性質のためです。英語のリズムの基本は強弱です。強と弱が交互に現れます。強の隣は弱まることになっているのです。そ

の一方で、人名や句では、最後が一番強くなります。そこを基に、さかのぼって考えるのです。つまり、「強 (Arthur) ←中 (Conan) ←最強 (Doyle)」となるわけです。

　ちなみにホームズが住んでいる Baker Street は、前側の Baker を強く読みます。実は、地名も人名同様、後ろ側を強く読むのが普通です。Bukingham Palace、Green Park、Covent Garden となります。でも、Street だけは例外です。世の中には Street という名のつく場所は果てしなく存在します。それゆえそこを強調しても、情報が伝わりにくいためです。Baker Street は Baker Street と読むようにしてください（なお、Watson の発音については Ex 3 をご覧ください）。

ホームズ作品を音読するにあたっての心構え

　ホームズの物語は単語ばかりか、表現も難し目です。ホームズの物語が出版されたのは 1887 年〜 1927 年。いわゆるビクトリア朝文学の一つです。この時代の英国は、かなりの階級社会です（変革も始まりかけていましたが）。その時代に大学を出た、いわば知的エリートの物語です。言葉遣いも難しくなります。

　しかも、BE は遠回しな言い方、小難しい言い方を好む傾向があります。日本同様、歴史の古い狭い島国だからこそ、人間関係が複雑になります。その結果、微妙な言い方が発達しているのです。また対象となる読者も、教養ある成人が想定されていたでしょう。だからこそ小難しい表現が当たり前のように現れます。外国語として英語を学んでいる人には、かなり厄介な小説です。

　例えば You could not possibly have come at a better time, my dear Watson.(*p.*92) などは典型です。実は、まったく大したことは言っていません。でも、否定の比較級を使った構文です。しかもかなり長い文です。多くの日本人英語学習者は震えあがってしまいます（この文は *p.*93 で解説）。読んでもわかりにくいわけですから、音声での理解はなお難しいわけです。

　ホームズの物語の音読は、日本人英語学習者にとって一筋縄ではいかないものなのです。それを理解した上で、挑戦してください。ただ、まずは大まかな意味を理解しておかないと、意味の伝わる音読はできません。英文解釈の問題ではないので、訳を見ても構いませんし、細かい文法を掘り下げようとする必要もありません。まずは句単位で滑らかにつなげて読むようにします。そして何度も読みながら、だいたいの意味を理解するようにしてください。

A Study in Scarlet（緋色の研究）より、ホームズとワトソンが最初に出会う場面からの引用です。共同生活にあたってホームズは、タバコの匂いが平気かワトソンに確かめ、さらに自分の欠点について言及します。①～③の空欄に入る英語を聞き取ってみてください。

🔊 45

Sherlock Holmes seemed delighted (　　　①　　　).

"I have my eye on a suite in Baker Street," he said,

"which would suit us down to the ground. You don't

mind the smell of strong tobacco, I hope?"

"I always smoke 'ship's' myself," I answered.

"That's good enough. I generally have chemicals about,

and occasionally do experiments. (　　②　　)"

"By no means."

"Let me see—what are my other shortcomings.

I get in the dumps at times, and (　　③　　).

You must not think I am sulky when I do that.

Just let me alone, and I'll soon be right."

(113 words)

日本語訳は p.127 をご確認ください。

◆解答と解説◆

① **(delighted)** at the idea of sharing his rooms with me

　　前置詞、代名詞などの機能語の弱まりに注意してください。とりわけatはほとんど聞こえません。BEははっきり発音される、と思っている人は多いのですが、それは誤解です。ナレーターのマイクさんは、極めて明瞭な発音をする人です。それでも機能語は、これだけ聞き取りにくくなるのです。

　　ところでidea ofの下線部で、スペリングにない[r]が割り込んでいます。母音で終わる単語に、母音で始まる単語が続くと、言いにくいのです。だから発音しやすくするため、[r]を割り込ませるのです。語末のrを発音しないBEならではのちょっと不思議な特徴です（ただし必ず起こるわけではありません）。

　　なお、この後にsuite（浴室やトイレのついたアパート）とsuitという見た目の似た単語が出てきます。発音の違いに注意が必要です。suitは[súːt]ですが、suiteは[swíːt]です。sweetと同じ発音です。母音だけでなく、[w]の有無も違います。実は、日本語の「スイート」には、[w]が欠けています。しっかり唇を丸めることが必要です。

② Would that annoy you?

　　yes-no疑問文です。最後のyouで上がっています。でも日本人がイメージするような、AE式の上昇調ではありません。that でまず下降して、そのまま低く進み、youで上昇が起こります。複数の単語にわたって下がって上がる、分離降昇調です。BEらしいイントネーションです。ただ、最後の上昇が小さいため、疑問文に感じられない人もいるかもしれません。

　　なお、Wouldの出だしは[w]です。強い円唇がよくわかる発音です。「ウド」ではまったく円唇しないので、気をつけたいものです。

③ **(and)** don't open my mouth for days on end

　　don'tとopenはともに[əʊ]を使います。[ə]というはっきりしない音が続き、速めの発音なので、つかみどころのない響きになっています。また、ほとんど[f]だけではないかと思ってしまうほどの、forの弱さ短さにも注意してください。またdays on endは、下線部がつながり1語のようになっています。

A Scandal in Bohemia（ボヘミアの醜聞）より。ホームズがワトソンに普段、頻繁に目にしている家の階段の数を尋ね、観察（observe）することの大切さについて力説する有名な一説からの引用です。①〜③の空欄に入る英語を聞き取ってみてください。

🔊 46

"You see, but you do not observe.

The distinction is clear. (①   ),

you have frequently seen the steps (①   )"

"(②   )."

"How often?"

"Well, some hundreds of times."

"Then how many are there?"

"How many? I don't know."

"Quite so! You have not observed. And yet you have seen.

That is just my point.

Now, I know that there are seventeen steps,

(③   )"

(77 words)

日本語訳は p.127 をご確認ください。

◆解答と解説◆

① For example, (you have frequently seen the steps) which lead up from the hall to this room.

　For exampleでは、下線部で「つなぎのr」が表れています。つなぎのr は、絶対に必要というものではありません。ただ、滑らかに読むのを得意とするマイクさんはよく使います。ちなみに、exampleの強勢母音は[ɑː]です（AEでは[æ]です）。

　which以下の滑らかなつながり具合にも注意してください。up、hall、roomという強いところを、残りの単語を糊のように使ってつなげていく感じです。なおroomはBEでは[rúːm]ばかりでなく、短い[rúm]という音形もあります。ナレーターのマイクさんが発音するroomは後者のようです。

② Frequently

　書き取りとしては簡単でしょう。でもポイントは、イントネーションです。まず疑問文のように上昇します。そして最後で下がります（これを「昇降調」と言います）。強勢位置とは違う音節が高くなるため、強勢がずれたように感じられます。

　イメージはまさに「!?」いや、「?!」です。つまり、まず驚いて疑うような気持ちを込めて上昇、でも断定する気持ちがあるので下降で締める、ということです。「頻繁だって？ その通り！」という感じです。大きな高低差があるので、感情を伴う強調の場面で使われます。英国のドラマなどではよく出てくるのですが、実際はなかなか聞かれません。

　なお、frequentlyの発音は[fríːkwəntli]です。中央の[w]で確実に円唇してください。また最後の[tli]で、[l]の代わりに[r]を入れないように。これらは、日本人英語学習者に多い間違いです。

③ because I have both seen and observed.

　becauseの強勢母音の音質に注意してください。かなり「ア」に近い長めの[ɒ]です。実は、becauseの強勢母音はかなり幅があります。BEでは[ɒ]、[ɔː]、[ə]など。AEでは[ʌ]、[ɑː]、[ə]などが使われます。ただ、いずれにしてもここには、二重母音は使われません。日本人の場合、スペリングにつられて、「ビコウズ」のように言う人がいますが、これは間違いです。二重母音にならないように意識してください。

　なお、and observed.のandが強まっています。機能語は強まらないはずなのに、なぜでしょう。このandには「しかも、さらに、加えて」などの、情報の追加を強調する意味合いがあるからです。

The Red-Headed League（赤毛連盟）より、ワトソンがホームズ宅を訪ねると来客中だった場面からの引用です。ホームズは依頼人にワトソンを相棒として紹介し、ワトソンには長椅子（settee）に座るように促します。①〜③の空欄に入る英語を聞き取ってみてください。

🔊 47

"You (①   ), my dear (①   )"

he said cordially.

"(②   )"

"So I am. Very much so."

"Then I can wait in the next room."

"Not at all. This gentleman, Mr. Wilson, has been my
partner and helper in many of my most successful cases,
and I have no doubt that he will be of the utmost use to
me in yours also."

The stout gentleman half rose from his chair and gave a
bob of greeting, (③   ), fat-encircled (③   ).

"Try the settee," said Holmes.

(105 words)

日本語訳は *p.*128 をご確認ください。

◆解答と解説◆

① **(You)** could not possibly have come at a better time,
(my dear) Watson.

notとbetterが目立つように発音されています。通常は、文や句の最後の内容語が目立ちます。でもこの文では、最後のtimeよりもbetterのほうが目立っています。これはCouldn't be better.（「調子は最高だ」）という表現の応用です。could notとbetterが伝わることが大事なのです。

Watsonは[wɒts(ə)n]であって、日本語式の「ワトソン」ではないことにも注意しましょう。Waでは[w][ɒ]ともに円唇するので、たっぷり円唇させて「ゥオ」と発音します。

② I was afraid that you were engaged.

英語はできるだけつなげて発音する、ということを意識してもらうための練習です。Iとwasは離れているようですが、声は出続けています。wasとafraidも同様です。afraidとthatも声の途切れがなく密接につながっています。that youは「チュ」となってつながっています。you wereは1語のつもりで。wereとengagedの間には、[r]がつなぎとして使われています。

英国人の中には、途切れ途切れで話す人も結構います。でも、決して1単語ずつ発音しているのではありません。彼らは句単位で発音します。そして、句の中はつながっているのです。

③ with a quick little questioning glance from his small,
(fat-encircled) eyes

quickで小さな区切れ目が入っています。glance、smallの後にも区切れ目があります。そして、区切れ目のつく単語は他の単語より目立って発音されています。with a **quick** little questioning **glance** from his **small**, fat-encircled **eyes**.となっているのです。quickは長くしにくい単語ですが、glance、small、eyesは長くなっています。

長い文や句は短く区切ります。その最後を強く、長くすることで、英語らしいリズムが生まれるのです。なお、eyesは「アイズ」ではなく「アーェズ」です。二重母音は前側が伸びるのです。

2nd Week Day 11 シャーロック・ホームズ で音読②

11日目も引き続き、シャーロック・ホームズの物語から引用した英文を音読していきます。難易度の高い文であっても、登場人物をイメージしながら繰り返し音読するうちに、徐々に滑らかに読めるようになってくるはずです。

Introduction

先に日本語訳を読んで、大ざっぱに理解してしまおう！

　ホームズの2日目は、より音声表現に磨きをかけたいところです。Ex 2と3では、宿敵 Moriarty [mɔ̀riɑ́ːti] 教授がホームズの下宿を訪れ、緊迫感のある会話を繰り広げる場面です。ただ、ここはインテリの二人の会話とあって、とりわけわかりにくい展開になっています。

　その最たるものは、この文でしょう。You stand in the way not merely of an individual, but of a mighty organization, the full extent of which you, with all your cleverness, have been unable to realize.（p.98）パッと見は、昭和の頃の偏差値70台の大学の入試問題のようですよね（笑）。日本人学習者の場合、こういう文を見ると、思考停止に陥ってしまいがちです。

　でも、音読のためには、文をある程度理解しておくことが必要です。先に訳を見てしまって構わないので、その大ざっぱな意味をまずは捉えてください。

　そして、ナレーターのマイクさんの読みを参考にして、できるだけ滑らかに読むようにしてください。滑らかに何度も繰り返し発音していると、音読するのが楽しくなってきます。そうすると徐々に音のほうがあなたに近づいてきてくれるものです。

滑らかに読めるようになると……!?

　実は、滑らかに読めるようになると、イントネーションが上達します。というのも、イントネーションはいわばメロディです。メロディは声の上下動です。滑らかに読めるというのは、声が途切れることなく続いているということ。だからこそ、メロディが再現しやすくなるのです。またメロディに敏感にもなれるのです。

逆に言えば、個々の単語ばかりに意識が行ってしまうと、声が途切れてしまい BE らしいイントネーションが再現できなくなるということです。まずは、細かいことはさておき、滑らかにつなげて読むようにしてください。

BE の BE らしさは、イントネーションに負うところが大きいのです。多くの人は、BE の母音や子音の特徴にばかり目（耳？）が行きます。でも、イントネーション抜きでは BE は成立しません。BE らしさを身につける意味でも、滑らかさを意識してください。そしてイントネーション向上を心掛けてください。

セリフ中心で構成された物語を音読するには？

シャーロック・ホームズの物語は、そのほとんどがセリフのやり取りで構成されています。音読では、このセリフは誰が言ったのか、それをよく理解しておく必要があります。日本語なら、性別や年齢などで表現が変わるので、セリフの主を特定することは難しくないでしょう。しかし英語の場合、そうした変化がありません。訳を見て構いませんので、よく文脈を捉えることが大切です。

セリフの主が誰であるかわかると、音読がより楽しくなります。難易度の高い文であっても、こう読んだらこの人物らしいとか、ここでこう言うのは、このような意図があるからだろうとか、イメージしやすくなるからです。イメージしやすくなると、その英語がより身近に感じられるようになります。そうすると、その英語がよりあなたのものになってくる、というわけです。

The Five Orange Pips (オレンジの種五つ) から、ホームズが、どんな用心 (foresight) や警戒 (precaution) も無駄だ (helpless) と絶望する依頼人を力強く励ますシーンからの引用です。①〜③の空欄に入る英語を聞き取ってみてください。

🔊 48

"What have you done?" asked Holmes.

"Nothing."

"Nothing?"

"To tell the truth"—he sank his face into his thin,

white hands— "I have felt helpless.

(　　①　　) writhing (　　①　　).

I seem to be in the grasp of some resistless, inexorable evil,

which no foresight and no precautions can guard against."

"Tut! tut!" cried Sherlock Holmes.

"You must act, man, or you are lost.

(　　②　　). S(　　③　　)."

(87 words)

※日本語訳は *p.*128 をご確認ください。

◆解答と解説◆

① **I have felt like one of those poor rabbits when the snake is (writhing) towards it**

　まずone of thoseの滑らかなつながりに注意しましょう。ofは[əv]となります。[ə]は消えるぐらいに弱めてoneにつなげます。[v]もないつもりで発音するとリズムが生まれます。なお、thoseの母音は[əʊ]です。

　またpoorが[pɔ́ː]となっています。BEでは、poorはもはやこの音形が普通です。towards itは、towárdsitという1語のつもりで。なお、warの母音は[ɔː]です。スペリングにつられないように。

② **Nothing but energy can save you**

　リズムがポイントです。Nothing、energy、saveが強い、3拍の文です。but、can、youを弱めて発音せよ、ということです。butとcanの母音は、[ə]を使います。はっきり発音する必要はありません。

　この文をリズミカルに発音するコツは、強と弱をセットにして、▷をあてはめて発音することです。以下のようになります。

③ **This is no time for despair**

　BEらしいイントネーションがポイントです。timeで下降して、despairで上昇しています。単語間で起こる分離降昇調です。下降が起こる部分が一番大事な部分です。no timeという情報が一番大事なのです。

　despairは単語としては初出です。そして文末は最重要単語の指定席です。でもdespairを表す話がすでにあれこれ出てきています。大事な情報ではあるものの、新しい情報ではないので、二番手を示すイントネーション（分離降昇調の上昇部分）が当てられているのです。

Exercise 2

The Final Problem（最後の事件）から、ホームズが宿敵モリアーティ教授と対峙する場面からの引用です。探偵の仕事に危険は付きものと宣言するホームズに、それは危険ではなく破滅（destruction）だと脅す教授ですが……。①〜③の空欄に入る英語を聞き取ってみてください。

🔊 49

" 'Danger is part of my trade,' I remarked.

" 'That is not danger,' said he.

'It is inevitable destruction.

You (①   ) mighty organization,

the full extent of which you, with all your cleverness,

have been unable to realize.

You must stand clear, Mr. Holmes, or be trodden under foot.'

" 'I am afraid,' said I, rising, 'that (②   )

which awaits me elsewhere.'

"(③   ), shaking his head sadly.

" 'Well, well,' said he, at last.

(101 words)

※日本語訳は *p.*128 をご確認ください。

◆解答と解説◆

① **(You)** stand in the way not merely of an individual, but of a **(mighty...)**

　wayでいったん区切ります。でもwayまでのstand in the wayも、wayより後のnot merely of an individualも、できるだけつなげて読みます。前半ではin theがポイント。theをどれだけ弱く短く読めるかで、滑らかさが変わります。ここではin theを「インナ」程度に発音します。

　wayの後ろ側ではof an individualを滑らかに読めるかがカギです。下線部のような、ofにanとindividualのような母音で始まる単語がつながる部分は、とりわけ難しいものです。下線部は「ウヴァネン」とひとまとめにして、繰り返し練習しましょう。ちなみに、but ofの[t]は有声化しています。BEでもときには有声化することもあるのです。

② **(that)** in the pleasure of this conversation I am neglecting business of importance

　まずpleasure [pléʒə]の下線部の子音[ʒ]に注意。「チ」ではなく、「シ」に「゛」(濁点) の感じです。[ʒ]は摩擦音で、伸ばせる子音です。力まず脱力して、息を漏らすようにすると伸ばせます。まさに「シ」に「゛」をつけるような感じです。

　でも、日本人はpleasureのような単語を発音する場合、[dʒ]を当てがちです。これは破擦音です。破擦音とは、いったん息をせき止めてから出す音です。「チ」に「゛」のような感じです。息をいったんせき止めて、口の圧力を高めてから力んで出す、瞬間的な音です。これでは伸ばせません。ちなみに、①のindividualは、この破擦音[dʒ]を使います。破擦音になる場合、文字にtやdがあります。一方、摩擦音[ʃ][ʒ]になるところには、tやdは出てきません。

③ He rose also and looked at me in silence

　roseとalsoはともに[əʊ]を使います。ただalsoでは、弱まって短くなっているため、二重母音の感じが薄まっています。なお、上で述べた[ʒ]と[dʒ]のような違いがrose絡みでもう1組あります。それは、[z]と[dz]の違いです。rose全体の発音は[rə́ʊz]で、最後の子音は[z]です。これは摩擦音、つまり伸ばせる子音です。カタカナのイメージは（伸ばせる）「ス」＋「゛」です。

　でも、もしこれを[rə́ʊdz]と言ってしまったら？　英語ではこれは別の単語、roadsです。[dz]は、（伸ばせない）「ツ」＋「゛」です。こちらは、力んで息を止めて出します。普通のカタカナならどちらも「ローズ」です。日本人には本当に微妙な違いなのです。でも、英語では「立ち上がった／バラ」となるか、「道」となるか、大きく違ってしまいます。

　ところで、looked atではatを、極細のボールペンで点を打つイメージで発音します。meはatよりは強くなります。

🔊 50

'It seems a pity, but I have done what I could.

I know every move of your game.

You can do nothing before Monday.

(①   ), Mr. Holmes.

You hope to place me in the dock.

I tell you that I will never stand in the dock.

You hope to beat me.

(②   ).

If you are clever enough to bring destruction upon me,

rest assured that I shall do as much to you.'

" 'You have paid me several compliments, Mr. Moriarty,'

said I.

'Let me pay you one in return when I say that

(③   ) eventuality, (③   ),

in the interests of the public, cheerfully accept the latter.'

(129 words)

※本語訳は p.128 をご確認ください。

◆解答と解説◆

① It has been a duel between you and me, (Mr. Holmes.)

出だしのIt has been aは滑らかです。hasの[h]はわずかにあるようですが、ほぼ[ìtəzbíːnə]といった1語のような感じで発音されています（強勢を2つつけましたが、極めて弱いものです）。

ただ、この文のポイントはduelです。短い単語でありながら、馴染みがないかもしれません。「決闘」という単語ですので、日常生活では使わないですよね。致し方ありません。

問題はこの発音です。マイクさんは[dʒúːəl]と発音しています。でも通常、辞書に載っている発音は[djúːəl]です。[dj]が[dʒ]になるのは、現代的なBEでは当たり前のことです。チャールズ新国王も使っているぐらいですから。とはいえ、とりわけ語頭で[dj]が[dʒ]と発音されると、まったく別の単語のように聞こえます。during [dʒʊ́ərɪŋ][dʒɔ́ːrɪŋ]やduty[dʒúːti]など、duで始まる単語は要注意です。

② I tell you that you will never beat me

この文は、前の文を受けた繰り返しなので、単語としては難しくないでしょう。しかしポイントは、どこを強めるかです。この文では、2番目のyouとneverがはっきり強まっています。また、よく聞くと最初のyouも少しばかり強くなっています。「ほかでもない君にはちゃんと伝えておく、君には無理だ」と明言しているのです。

youは機能語なので通常は強まりません。ただ、この会話では、この文とその上の辺りでyouが何度も強まっています。I（＝モリアーティ教授）との対比が何度も行われているということです。

③ if I were assured of the former (eventuality), I would

滑らかにつながっている文の聞き取りです。ifからtheまでは長い1単語のように発音します。なお、ofとtheは、極めて短く発音します。極細のボールペンで2つ点を打つようなイメージです。日本語的な「オブ」や「ザ」では英語のリズムに乗れません。

なお、マイクさんのassuredの強勢母音は伝統的な[ʊə]です。ただ、彼は[ɔː]も使います。例えば第11日目のEx1（*p.*96）に登場したpoorがそうでした。変化の途上にある発音は、一人の話者でも揺れがあるものなのです。

ちなみにここで言うthe formerは、bring destruction upon me (=Moriarty)、the latterはI (=Moriarty) shall do as much to you (=Holmes) と思われます。何を指すかわかりにくいところですが、実は、この物語の結末の伏線になっているのです。

2nd Week
Day 12

エマ・ワトソン
のスピーチで音読

12 〜 14 日目は、ナレーターによる収録音声では
なく、ネイティブ・スピーカー本人の生声を使っ
て音読練習を行います。12 日目に取り上げるのは、
女優のエマ・ワトソン。はっきりと話す彼女の音
声を何度も聞いてマネしましょう。

Introduction 🔊 51

　ここでは、イギリスの女優エマ・ワトソン（以下「エマ」）が、2016 年に
行ったスピーチを題材にします。エマはこの年、カナダのオタワで開催された、
The One Young World 2016 Summit に参加し、このスピーチを行いました。

　ところで、Emma Watson の発音は [ɛmə wɒts(ə)n] です。Emma には、
スペリング上は m が 2 つあります。でも発音としては、[m] を長く発音する
ことはありません。

　また Watson の発音は、前章のホームズのところで扱った通りです。繰り返
すようですが、出だしの [wɒ] で重要なのは円唇です。時間をかけていいので、
しっかり円唇して「ゥオ」と発音してください。日本語式の、円唇のない「ワ
トソン」では英語になりません。

　ちなみにエマと言えば、映画ハリーポッター・シリーズでの Hermione です
ね。この発音は、[hɚˈmáɪəniː] です。

　エマの英語は、基本的には、極めて現代的な BE です。今風の特徴がところ
どころに現れています。

　その一方で、エマは現在、米国在住です。大学は、米国ニューイングランド
のアイビーリーグの 1 つ Brown University に通っていました。若い女性は一
般的に順応性が高いので、AE の影響を受けている可能性はかなりあります。
実際、彼女が出ている最近の動画を見ると、かなり AE 的な話し方をしている
ものもありました。

Exercise

1

エマ・ワトソンがカナダのオタワで行ったスピーチの冒頭
部分です。ここでエマは、2年前にニューヨークの国連で
HeForShe という運動を始めたことに触れ、そのときの個
人的体験について話しています。それは「パンドラの箱」
を開けてしまったエマの、厳しい試練の始まりでした。

🔊 52

Thank you.

Two years ago, I launched a campaign

called HeForShe at the U.N. in New York.

I was very nervous before that speech.

The nerves were followed by a tremendous high

(①   ) and a crashing low a few days after that.

My best hopes and my worst fears were confirmed

all at once.

I had opened Pandora's Box to a standing ovation and

almost simultaneously a level of critique I had never

experienced in my life and the beginning of

(②   ) a series of threats.

The last two years have been a baptism of fire,

to say the least, (③   ) I know,

and also how much.

(115 words)

※日本語訳は p.128 をご確認ください。

◆解答と解説◆

① immediately afterwards

現代的なBEの特徴を端的に表す例です。immediatelyの下線部が[dʒət]となっているのが、それです。伝統的なRPなら、[diət]となるところです。現代的なBEでは、[di(ə)]や[dj]は[dʒ]となります。これは現在の英国ではもはやごく一般的です。reduce、produceなどのduceは[dʒuːs]です。ちなみにp.101でも扱ったようにdutyやduringなど、語頭でも普通に起こります。[dʒúːti] [dʒɔ́ːrɪŋ]などとなるのです。

なお、AEでは[di(ə)]や[dj]の部分は、[d]だけで発音されます。reduceは[rɪdúːs]です。英米でまったく違う響きになってしまいます。

afterwardsは[ɑ́ːftəwədz]です。語頭のa-でしっかり口を開けます。また-wardsの短さにも注意。日本人はスペリングにつられて長く発音しがちですが、本当は極めて短いのです。またwで始まるため、口が丸まります。

② what would become

whatとwouldが曲者です。まずwhatは日本人が思っている「ホワット」ではありません。[wɒ́t]です。いわば、「ゥオット」とでも言うべきものです。BEでは、whで始まる疑問詞のhの部分を発音しません。wh-は[w]と読むべきものなのです。

またwhatの母音は、AEに慣れた私たちは、「ア」だと思い込んでいます。でもBEでは[ɒ]です。

whatの語末の[t]は、聞こえなくなることがよくあります。ここもそうです。次にwouldなど弱い助動詞などが来ると、[t]が落ちやすいのです。しかもwhat自体がとても短くなっています。

③ where I learnt just how little

まず一番に聞くべきは、whereの発音です。日本人が思うような「ホエア」ではありません。「ゥエー」という感じです。発音記号は[wɛ́ː]です。[ɛː]は、[ɛə]という二重母音の進化したものです（[ɛ]は口を大きく開けた「エ」）。現在、英国ではこの[ɛː]が当たり前のように使われます。

learnの過去形は、BEではlearntです。-ear-を発音する際、rが響かないように、サラッとした[əː]となるようにしましょう。littleの下線部[tl]は、現代的な、強すぎず弱過ぎずという具合の[tl]です。伝統的なRPの[tl]では、[t]がきつく響きます。

一方、AEでは[tl]は「ドゥ」のように有声化します。Emmaの[tl]は、AEほど声が響いてはいないものの、わずかに有声化しています。このような折衷的な音形は、現代的なBEの特徴です。

Exercise 2

エマが主語を We に替えて、ジェンダー平等の重要性を説く場面です。音源を聞きながら、①〜③の空欄に入る英語を聞き取ってみてください。entire spectrum（総体）、ripple（波紋）、walk of life（職業）、masculine（男性的な）などの単語も要チェック。

🔊 53

(①   ).

We, the entire spectrum of the feminist movement,

are (②   ) for which we need ripples of hope

from every age, race, ability, walk of life,

from every human experience.

I feel gender equality (③   ) that we are here

to discuss.

And actually, if anything, it is even more important

because it intersects with every single other issue that

we face.

We all have feminine and masculine energies within us,

and both forces need to be lifted up, respected.

We need to work together in order to make the world go

round.

(107 words)

※日本語訳は p.129 をご確認ください。

◆解答と解説◆

① That's what we are doing

　That'sは強く勢いよく言っています。この母音は[a]です。従来の発音記号では、[æ]と表記されるものです。この[a]は、力を入れて一気に発音する、とても短い母音です。

　一方AEの[æ]はかなり長く発音されます。[ɛːə]のような二重母音になることすらあります。英米の音質はかなり違うのです。

　このwhatでは、Ex1の②以上に、現代的なBEのwhatの発音の仕方がよくわかります。whaは[wɒ]です。とにかく日本式の「ホワ」ではないのです。またwhatの語末の[t]が聞こえません。「ッ」のようになっているためです。

② building an unstoppable current

　まず、-ing an un-の部分が、極めてわかりやすく区切って発音されています。日本人にはごく自然に受け入れられる発音です。でも、実は極めて興味深い点です。というのも、ネイティブの英語では、単語はつなげるのが当たり前だからです。普通ならbuildinganunstoppableとなるわけです。

　ところがこの-ing an un-はまったくつながっていません。1語1語が独立しているのです。母音で始まる単語では、あえてつなげず、はっきり切って発音しているのです。こういう発音法は、最近の若い英国人の傾向のようです。ところで、BEはブツブツ切れて聞こえる、と感じる人は多いかもしれません。その理由の1つがこれです。

　currentが極めてわかりやすい「カレント」となっているのも、BEらしさです。この単語は、BEでは[kʌrənt]です。①のwhatと異なり、語末の[t]がしっかり発音されています。なお、AEではcurrentは[kɚːrənt]です。強勢母音が長く、rも響きます。その結果、BEとはだいぶ違った印象になります。

③ is as important as any of the other goals

　思いのほか、この書き取りはやさしいと感じたのではないでしょうか。それもそのはず、②でも述べたように、若い英国人による現代的なBEでは、母音で始まる単語をつなげない傾向があるからです。そのため、is, as, important, asは、日本人の発音並みに、区切って発音されているからです。

　その一方で、any_of_the_other_goalsは、つながっています。こちらはネイティブらしい発音です。

　ちなみに、goalsの母音は本来二重母音[əʊ]です。でもエマの発音では、goalsは素直な「ゴーゥズ」に聞こえます。若い世代の現代的なBEでは、[əʊ]＋[l]は、[ɒl]となるためです。

スピーチの締めの部分です。再び主語を I に替えて、最強の自分になるための７か条を宣言しています。I am willing to... (私は〜する覚悟がある、進んで〜する) から始まる繰り返し表現のリズムに注意しながら、何度も声に出して音読しましょう。

🔊 54

I want to ask you to take a moment.

(①   ) keep your eyes closed, (①   ),

and ask yourself if these have any truth for you in them:

I am willing to be seen.

I am willing to speak up.

I am willing to keep going.

I am willing to listen to what others have to say.

I am willing to (②   ).

I am willing to go to bed each night, at peace with myself.

I am willing to be my biggest, best-est, most powerful self.

(③   ), and (③   ) all (③   ),

I know that these are the ways that I want to have lived

my life.

(123 words)

※日本語訳は p.129 をご確認ください。

◆解答と解説◆

① You can **(keep your eyes closed),** or keep them open

　　エマ・ワトソンはかなりはっきりとした発音で話しています。Ex 2の②でも指摘したように、単語をあまりつなげずに読んでいます。そんな彼女でも、ネイティブだからこそ、ネイティブ流の音の崩しがちらちらと顔を出します。

　　それがYou canであり、themです。You canは、ボソっとつぶやくように「イ クン」程度です。極めて弱く、短くなっています。一方、themはほとんど存在していないかのようです。keepにopenが直接続いているのではないか、とさえ聞こえます。でもよく聞くと、間に[ðm]があります。そのぐらいthemは弱く、短く発音されているのです。英語の機能語は、発音が明瞭な人であっても、このぐらい崩れるものなのです。

② go forward even when I feel alone

　　まず気になるのがforwardの発音です。これはBEでは[fɔ́ːwəd]が普通です。Ex1の①のafterwardsで、wardsの短さを指摘しましたが、同様にこのwardも短いのです。ところがEmmaはwardをかなりはっきり長く「ワード」のように発音しています。[fɔ́ːwə̀ːd]のように、wardに第二強勢がついたような発音です。2つの理由が考えられます。1）forwardを強調したい、2）AEの影響（AEでは、wardのような弱音節は長めに発音する）です。話の内容から1）もあり得ますし、彼女は現在、米国在住ですからAEの影響を受けているのかもしれません。

　　単語を比較的切りながら話す彼女ですが、even when I feelはつながっています。とりわけwhen Iに注意。whenは[wən]となっています。whatで見たように、BEでのwhは[w]のみです。母音も短く弱まった[ə]です。こんなwhenが弱くて短い[aɪ]につながります。ちなみにfeelまでで発音をいったん切っているため、feelの語末の l が「ヨー」と響いているのがよくわかります。

③ At the end of the day, **(and)** when **(all)** is said and done

　　At the end of the dayと次のand when all is said and doneは、一気につなげて発音しています。どちらも「あれこれ考えたが結局は」というような意味の熟語です。<u>熟語は全体で意味が伝わればいいので、個々の単語の発音は崩れがちです。</u>また、これらの表現は「これから結論を言いますよ」という前置きに過ぎません。そのため、サラッと発音しています。

　　崩れ方で興味深いのが、後半のwhenです。前後のandとallはヒントとして残しましたが、それでもwhenを聞き取るのは難しいでしょう。1）and [ən]で口が閉じ気味になったところに、2）whenの[w]がつながったため、3）唇がほぼ閉じるような状態になって、4）残りの-en [ən]に移行。結果としてwhen[wən]が[mən]に近くなった、と考えられます。ただ上述したように、熟語は全体で伝われば良いので、細かい音の崩れが起きやすいのです。

カンバーバッチ
の朗読で音読

13 日目は、ベネディクト・カンバーバッチが手紙の朗読劇 (Letters Live) で披露した音声を使って、音読練習を進めます。時折、訪れる容赦のない早口に注意しながら聞いてみましょう。

Introduction 🔊 55

「ベネディクト・カンバーバッチ」を発音してみよう！

まずは名前の発音からです。Benedict Cumberbatch は [bènɪdɪkt kʌ́mbəbatʃ] と発音します。人名は、句と同じ扱いで、後ろ側の要素（姓）に第一強勢がつきます。最終音節の [batʃ] は、少しだけ強く、第三強勢をつけて読みます。

ウィキペディアによるとカンバーバッチは、「レスター大学の研究により、15 世紀のイングランド王・リチャード 3 世の血縁であることが判明している」そうです。血筋のよい俳優の家庭に生まれた彼は、名門パブリックスクールのハーロー校の卒業生でもあります。出身地も英国南部。本物の RP を話す人と言ってよさそうです。

手加減なしのナチュラル・スピードの朗読に要注意！

ここで使う音声は、2015 年の "My Dear Bessie" by Letters Live という朗読劇のものです。第二次世界大戦に出兵した男性が恋人に宛てて書いた手紙を、彼が朗読するという内容です。朗読する手紙は、フィクションではなく、本物の手紙です。YouTube で全編を通して視聴可能です。本書で引用した部分は、その中の 7 割ぐらいの分量です。

なお、タイトルの "My Dear Bessie" by Letters Live は、2 つの句からなっています。句なのでそれぞれ最後の Bessie と Live を強めて発音します。

聞き手は英国人を想定しているのか、ときに容赦ない速さで発音しています。正直、この彼の朗読の聴解（リスニング）は、かなり難易度が高いものです。そこは覚悟してください。でも、なぜなのでしょう？

まず、手加減なしのナチュラル・スピードの朗読です。極めて滑らかに読んでいます。ときには超高速で、2〜3行にわたる1文を一気読みします。これが各 Exercise で必ず1回は出てくるのです。

例えば、Exercise 1 のほぼ出だし、My dearest one, に続く部分がそうです。I've just heard the news that all the army men who were held POW are to return to their homes. という文です。

とりあえずは、「この早口の個所はわからなくても気にしない」、というスタンスでいいと思います。1日目の概論（*p.19*）でも述べたように、きちんと演出された朗読であれば、大事なところはゆっくり読むでしょう。サラッと読むのは、その部分の重要度が低い可能性があります。一応そういうものと決めつけて（笑）、他の個所にエネルギーを注いでください。周りをしっかり理解し、全体がよくわかるようになったら、この個所にもう一度挑戦すればいいでしょう。

手紙の内容を理解するのは意外と難しい?!

また、手紙の内容自体がちょっとばかりわかりにくいのです。手紙は、戦争から戻ってきた直後に書かれたもののようです。基本的には「君に会うのが楽しみだ」という内容です。それだけの手紙なら、聞き取りも楽でしょう。

ところが、「結婚はしないようにしよう」とも言っているのです。そこにどんな問題があるのか、なぜそう言うのか、については不明です。あくまで一通（または複数？）の実際の手紙の朗読です。そこには仔細がないのです。フィクションなら展開が読めるでしょう。英語がわからなくても、想像で補うことができるのです。でも、実際の手紙の朗読ではそうはいきません。ここが難しいところです。

しかも、上に挙げた例にある、POW のような（当時の）英国人でなければわからないような表現や情報が、解説なしで盛り込まれているのです。フィクションの物語なら、セリフに理解を助けるような情報を入れ込んだり、ナレーションで解説をつけたりします。でも、本物の手紙にはそのような手心はありません。

聞く際には、訳を頼りに内容を受け入れる下地を作っておくと、良さそうです。別の言い方をすると、とにかく聴解の難しさは特急品ですので、聞いてわからなくても落ち込む必要はない、という音源です。

国外の戦争に出た兵士がイングランドに帰還するにあた
り、恋人に向けて送った手紙の冒頭部分です。繰り返され
る I must... で表現される気分の高揚感とリズムを味わい
ながら、何度も音読してみてください。

🔊 56

29th of January, 1945.

My dearest one,

I've just heard the news that all the army men who were

held POW are to return to their homes.

It has made me very warm inside.

It is terrific, wonderful, shattering.

(①   ) and (①   ).

The delay is nothing, the decision is everything.

I must spend the first days at home.

(②   ).

Above all, I must be with you. I must warm you,

surround you, love you and be kind to you.

(③   ), but want you to agree on the point.

(107 words)

※日本語訳は *p*.129 をご確認ください。

◆解答と解説◆

① I don't know what to say **(and)** I cannot think.

　答えは、極めて簡単な英語ですが、恐ろしく速く、音も崩れています。想定外の崩れ方であり、聞き取れないのも無理ありません。

　I don't knowは短く「アドノ」です。BEではごく基本的な崩れです。この3語は、いずれも二重母音を使いますが、いずれも二重母音の最初の音だけになっているのです。短くなるのも仕方ありません。

　前述したようにwhatはやはり曲者です。カンバーバッチの発音では、ほとんど存在しないぐらいの素早さです（スロー再生でやっと存在していることがわかります）。語末の[t]は、次にtoが来ていることもあり、聞こえません。

　なおcanの否定形cannotの発音は、[kǽnɒt]です（[ka]は「キャ」と発音）。ときどきこのcanも「カーン」だとか、否定だから常にnotが強い、などと思っている人がいるようですが、そうではありません。cannotは、通常前側が強いのです。またcanで[ɑː]が現れるのは、can'tのときだけです。

② I must consider giving a party somewhere

　この文も、単語はやさしいもののとにかく速い。またBEらしいイントネーションも表れています。considerからsomewhereまで1単語進むごとに音程が1段階ずつ下がるようなイントネーションです（AEではほぼ聞かれません）。

　somewhereは速くなったために、ほとんど「サマー」に近くなっています。現在の丁寧な発音では[sʌ́mwɛ̀ː]です。この後半の-where[wɛː]の部分が弱まって、[wə]となります。ただ[w]での口の丸め（円唇）も弱まり、ほとんど[ə]のみが残るようになって、「サマー」のように聞こえるのです。

③ I would prefer not to get married

　助動詞が、それまでmustでしたが、ここでwouldに切り替わっていて、しかもこのwouldの意味を強調したいため、wouldが強くなっています。この物語を理解する上では、気をつけたい点です。

　ただ、ここでの曲者はpreferです。日本人としては、「プリファー」という発音とリズムです。かなり長いイメージです。でも実際は2音節のみで、しかもpreは極めて短く弱いのです。BEでは、1）語頭の[p]につられて、[r]も無声化します。[r]はほとんど息の音程度です。2）その[r]は、[p]と同時に発音されます。後続のeの[ə]は短いのです。この結果、日本人のイメージする、はっきりした「プリ」からほど遠い、短く弱々しい「ペ」とか「プ」程度の音になってしまいます。

　marriedの強勢母音は[æ]です。現代的なBEでは[æ]の代わりに[a]を使う、と常々述べていますが、ここは例外。「エ」の成分が強く響いているので、[æ]と表記しておきます。一方、AEでは、文字はaなのに「エ」そのもの（[ɛ]）の音で発音する人が、かなり多くいます。

緩急を自在に操るカンバーバッチの、一流の演技テクニックが存分に味わえる部分です。比較的区切りながらリズムを刻んで話している 1 〜 6 行目に対し、It's not much good me... から始まる 7 行目は一気にダダダダダと高速でまくし立てる難関部分と言えるでしょう。

🔊 57

(①   ), for my mother, for myself.

Wait, we must, my lover, my darling.

Let us meet, let us be, let us know, but do not let us now make any mistakes.

(②   ) am completely bald;

I have some fine little wisps of hair on the top of my head.

It's not much good me trying to write about recent experiences now that I know I should be able to tell you everything myself within such a short time.

What I have my eye on now is the first letter from you saying that you know that I am all right, and the next saying you know I am coming to you.

Plan a week somewhere—not Boscombe or Bournemouth —and think of being together.

The glory of you!

(145 words)

※日本語訳は p.129 をご確認ください。

┌ **◆解答と解説◆** ┐

① **In battle, I was afraid for you**

　まずはbattleの発音[bǽtl]をよく味わってください。「バトゥ」のような感じです。決して「バトル」ではありません。ttle [tl]では舌を動かしません。舌先を上歯茎につけたままです。決して離さないのです。その状態で声を出します。日本人の場合、どうしても舌を動かしたくなります。それが英語とは似ても似つかない音の元になってしまうのです。

　I was afraidは、Iwasafráidのような1単語のつもりでつなげて発音します。for youは弱く短く発音します。とりわけforは短く発音されています。「フォー」というイメージは捨て去ってください。ほとんど[f]だけと割り切って、fyouのように発音すると感じが出ます。なおbe afraid forで「～の安否を気遣う」という意味です。

② **How good for us to see each other, before I**
　(am completely bald;)

　まずHow good for usでひとまとまりです。How goodではgoodが強くなります。句は基本的に後ろ側が強まるためです。for usは機能語なので弱いのですが、forのほうが強めです。fOrusという感じに発音します。

　BEでは、語末のrは通常発音しません。ただし、次に母音で始まる単語が来ると、rを発音して両語をつなげます（必須ではありません。例えばエマ・ワトソンはこの「つなぎのr（linking r）」をほとんど使っていません）。このfor usではごく軽く出されているのみです。よりわかりやすい[r]が、before Iで現れています。英語は、本来つなげて発音するものです。[r]を入れるのも、より滑らかに発音するためです。

　to see each otherは、seeに強勢のある1語のように発音します。toséeeachotherという感じです。each otherはいわば1つの代名詞です。機能語なので弱めに発音されます。

帰国後の連絡先など事務的なことを伝える部分は速く、親しい者から切り離されて外国に行ったけれど、やっと家に帰れる喜びを表す部分は感情を込めてゆっくり話しています。音源を聞きながら、①〜③の空欄に入る英語を聞き取ってみてください。

🔊 58

I don't know how long leave I shall get.

(①   ) and I may get as much as a month.

I'm wondering how I shall tell you I am in England.

Probably it's still quicker to send a telegram than a letter,

(②   ) that I am on the same island.

I will send another when I'm actually soon to get on the

Londonbound train, (③   ) Lee Green 0509

(③   ).

It's a strange thing, because I cannot seem to get going

and write very freely.

All I am thinking about is, "I am going home!

I am going to see her!" That's a fact, a real thing,

an impending event like Shrove Tuesday, Christmas Day

or the Lord Mayor's Banquet.

You have to be abroad, you have to be hermetically

sealed off from your intimates, from your home,

to realise what a gift this going home is.   (168 words)

※日本語訳は p.129 をご確認ください。

◆解答と解説◆

① I could get as little as fourteen days

　　単語はやさしいものの、やや控えめな声量で素早く発音されています。正確に聞き取るのは難しいかもしません。ここではcouldが強めに発音されています。その後では助動詞がmayになっています。それとの対比を意図したものと思われます。

　　ここで興味深いのは、getとlittleのtの発音です。カンバーバッチのような正統派BE話者であれば、[t]をしっかりと発音しそうです。しかし早口で声も小さい文脈ということもあり、[t]は弱まっています。AEほどではないですが、わずかに有声化しています。BEでの[t]は何が何でも強い、というわけでもないのです。

② and I hope to send you one announcing **(that...)**

　　ここは、単語は平易なのに速く発音されることで、各部がつながってわかりにくくなっている典型例です。つながる際に、機能語（代名詞・助動詞・be動詞・前置詞・冠詞・接続詞などの脇役的な語群）は短くなっています。

　　andは[ən]、Iは[ə]、toはほぼ[t]のみです。またsendとyouはつながって[sɛndʒu]です。one announcingの下線部もつながっています。語末の[n]＋語頭の母音はつながりやすいのですが、多くの日本人にはピンと来ない連結です。敏感になりたいものです。この②の部分を通して発音記号で表すと、[ənə hóʊptə sɛndʒu wʌnənáʊnsɪŋ]となります。

③ and you can ring **(Lee Green 0509)** when you think I have arrived there

　　ringは「電話する」という意味で、BEでは基本単語。ここは難しい単語は一切ないものの容易ではありません。早口で単語数が多いからです。

　　カンバーバッチのパートは、どのExerciseでも最低1回は、結構長いのに、一気にまくしたてる文があります。Ex 1ではI've just heard the news...（3行目）、Ex 2ではIt's not much good me trying...（7行目）、Ex 3では、6行目のI will send anotherからこの部分につながるところなどがそうです。

　　正直、これらは日本人の私たちには、お手上げです。短い時間で、日本語とは比べ物にならないほどの情報量が詰まっているからです。

　　さらに、訛りが使われていたり（Ex 1の最後のあたりなど）、構文がわかりにくかったり（Ex 2のnow that）、英国で生活していないとわからない表現が入っていたりします（Ex 3の電話番号など）。いずれも、ゆっくり自分のペースで読んでも、すっとは理解できないでしょう。彼の早口がわからなくても仕方ありません。ニュースで放送される、英国の街角インタビューがとてもわかりにくいことがありますが、その理由も同様です。

2nd Week Day 14

ダイアナ元妃 のスピーチで音読

最終日となる14日目は、ダイアナ元妃が1993年に慈善団体であるTurning Point主催の会で行ったスピーチを取り上げます。すでに取り上げた二人とは異なる、どこか寂しげなイントネーションに注目しながら聞いてみましょう。

Introduction 🔊 59

伝統的なRPの発音の特徴を持つダイアナ元妃の発音とは？

Dianaの発音は [daɪánə] です。短い名前ながら母音が多いので、どの母音に強勢をつけるのか迷ってしまいますが、中央のaに強勢がつきます。いつでもすぐ言えるよう、発音練習はしっかりしておきましょう。

なお、ダイアナ妃のフルネームに当たるのが、音源にある Diana, Princess of Wales です。読み方は、カンマで区切り、Diana と Princes of Wales を同格として読みます。Diana と Princess of Wales を、同じイントネーション（下降調）を使って対等に並べるのです。Princess of Wales は句なので、最後のWales が一番強くなります。ちなみに、Princess の単語のとしての強勢は、伝統的な RP の読み方では Princéss です。でも、ここでは Princess of Wáles と読みます。これは p.83 で述べた「強勢移動」の例です。

ダイアナ元妃の発音は、王侯貴族が使う伝統的な RP の特徴を持っています。彼女の年齢・世代からすると、かなりクラシックな発音だと言えるでしょう。それもそのはず、ダイアナ元妃が育ったのは、王室と付き合いのある貴族の家庭です。王室に嫁ぐ以前から、RP が当たり前に使われる環境にいたのです。

王侯貴族が使う RP の発音は、穏やかでおとなしいものです。高貴な人の英語というのは、むしろ脱力したような英語です。無理に声を張るようなことはしません（日本の皇室の方々も同様ですね）。一方、私たちがよく知っている BE の代表は、BBC のレポーターなどが話す英語です。あちらは、かなり力が入っています。絶えずたくさんのエネルギーを使って話しているのです。

高貴な人々は声を張らないので、口の動きも小さくなります。そのため、例えば二重母音、三重母音などの発音が、簡略化された形になってしまうのです。society（Ex 1、Ex 3）、hours、violence（ともに Ex 1）、quiet（Ex 3）などは、その例です。[səsá:ətɪ]、[áːz]、[váːələns]、[kwáːət] など。

　ところで、ダイアナ元妃のスピーチの冒頭（p.120）の Where の母音 [ɛː] は、伝統的な RP の発音ではなく、むしろ現代的な発音です。ちなみに、新国王チャールズ三世は 70 代ですが、そんな国王の英語の中にも、現代的な発音の傾向が聞かれます。社会と隔絶した世捨て人のような生活をしない限り、王侯貴族であっても言語の変化の影響を受けないわけにはいきません。

高貴な英語のイントネーションに注目！

　ただ、王侯貴族の英語の特徴は、このような細かい点ばかりに現れるわけではありません。彼らのスピーチには、ちょっと拍子抜けするような穏やかな響きがあります。ときには、カタカナを読んでいるような、日本人英語的な感じにすら聞こえるからです。

　これには、とりわけイントネーションが影響しています。一般的な BE は、声の高低差が激しく、文末が強く発音されます。ところが高貴な発音では、高低差はあまり激しくありません。だから穏やかに聞こえます。

　特に文末は、消え入るように発音されることが多いのです。一般的な英語では、最後を強くはっきり言うのが普通です。そしてそれが、英語独特の力強さを感じさせる元になります。

　ところが、高貴な英語は、最後が消え入る感じであるため、寂しげな響きになってしまいます。ダイアナさんの英語がどことなく寂しげに響くのも、それが理由です。Ex 3 の最後で取り上げた部分は、その特徴がはっきり出ています。なお、この特徴はここだけでなく、他の各所でも現れています。

　実は、この穏やかな高低差と消え入るような文末というのは、日本人英語にも共通する特徴です。だから、日本人には聞きやすい英語に感じられるのです。ただ、これはあくまでごく限られた貴族の英語、極めて特殊な英語の特徴です。一般的な BE や AE に当てはまる特徴ではありません。王室の方々のスピーチは参考にはなるのですが、それをそっくりそのまま「完コピ」して話すというのは、現実的ではありません。それはちょうど、皇室の方々の日本語をそっくり真似して話すようなものですから。

Exercise 1

1日24時間・週7日体制（on-call twenty-four hours a day, seven days a week）で働く女性の大変さについて語る、スピーチの冒頭部分です。they will cope（彼女たちは何とか頑張る）という表現が繰り返し使われていることに注目しながら、声に出して音読しましょう。

🔊 60

Where do we begin?

From those I have spoken to through my work with

Turning Point, the beginning seems to be that women in

our society are seen as the (①   ).

Whatever life throws at them, they will always cope.

On-call twenty-four hours a day, seven days a week,

whether their children are sick,

their husbands are out of work,

or their parents are old and frail and need attending

—they will cope.

They will (②   ), attend to the needs of those

around them—and they will cope.

They may be suffering themselves from post-natal

depression, (③   ), or struggling

in a daze of exhaustion and stress to make ends meet

—but they will cope.

(128 words)

※古い音源のため、音がところどころ不明瞭ですが、予めご了承ください。
また日本語訳は p.130 をご確認ください。

◆解答と解説◆

① **(...seen as the)** carers—the ones who can cope

　ダイアナ元妃の発音では、特に二重母音、三重母音に注目してみましょう。まずcarersです。この強勢母音は、今までも取り上げてきたように、もはや[ɛ]ではなく、[ɛː]です。ここでも[kɛ́ː(ə)rəz]です。ここではrの前にカッコつきで[ə]を入れてみましたが、これは[r]を出すための予備動作とでも言うべきものです。[ə]を積極的に出しているわけではありません。また[rə]はボヤっとした響きです。全体で「ケーァァズ」という感じです。多くの日本人には、この音を聞いてもどんな単語なのかピンと来ないでしょう

　canの弱さにも注目です。BEのcanは、なんでもかんでも「カーン」のようになる、と誤解している人がいます。そんなことはありません。このcanは弱い[kən]（「クン」）です（「カーン」となるのはcan'tのときのみです）。

　copeの二重母音[əʊ]は、かなり「エウ」に近くなっています。これはとりわけ現代的で洗練された音です。ダイアナ元妃のような方が使うとさまになります。でも、外国人がたどたどしい英語の中で使うのは不自然です。

② **(They will)** cook and clean, go out to work

　cookもcleanもgo to workもcopeの例です。cookとcleanは、cope同様[k]で始まっています。goとcopeも、母音は同じ[əʊ]です。そういう音の配列を考えて選ばれた表現かもしれません。ちなみに、現代BEのcookの母音[ʊ]は、[ə]に近い音になってきています。実際、ダイアナ元妃のcopeとcookの出だしはあまり違わないようです。

　cleanは「キリーン」のようにも聞こえます。[kl]は、特に[iː]が続くと、極めて強く響きます。BEの[kl]は、[k]と[l]を同時に出すため、こういう強い響きになります。BEでは全体的に子音が強く響きますが、その一例です。

　ちなみにworkの発音は[wɔ́ːk]です。カタカナの「ワーク」にかなり近い発音です。workは珍しくカタカナ語の発音で英語として通用する単語です。

③ violence in the home

　上品なBEに慣れていないと、わかりにくい個所です。violenceの発音は通常[váɪələns]と表記されますが、RPでは[aɪə]のような三重母音は、[aːə]のように簡略化されます。さらに簡略化されて、[aː]だけになってしまうことさえあります。ダイアナ元妃のviolenceも、まさに「バーレンス」にも聞こえる、[váːələns]です。

　in theのtheは[ə]程度に崩れて、ほとんど存在感がありません。上品な英語では音が崩れない、と思っている人がいますが、そんなことはありません。またhomeは[hə́ʊm]です。ただここでは[ʊ]が弱まっています。二重母音感が薄く、「ヘーム」「フーム」のような謎の単語に聞こえるかもしれません。

Exercise

2

ダイアナ元妃が、うつ病治療に処方されていた精神安定剤をやめることに成功した女性に出会ったときの経験談を語った部分です。Isn't it normal...?（〜は正常ではないのでしょうか（正常ですよね）?）という訴えを連呼する終盤に注目しながら、声に出して音読しましょう。

🔊 61

The drugs had closed her down.

(①   ).

At last, she was now able to learn how to live again

and become the person she was born to be.

Whether these drugs were given in a genuine attempt to

help or whether they were offered as a means of making

her more tranquil and acceptable to those around her,

(②   ).

These pills will tend to make a woman more passive,

to help her conform to the norm.

But whose norm is it?

(③   )

Isn't it normal for women as well as men to feel

frustrated with life?

Isn't it normal to feel angry and want to change a

situation that is hurting?

(136 words)

※日本語訳は p.130 をご確認ください。

◆解答と解説◆

① They had managed to turn her into an anxious zombie

　　BEと言えば何でも丁寧にハッキリ発音する、と思う人はけっこういます。でも、この文だけ見てもそうでないとわかります。最初の反証例は、They hadの部分。この前の文では、The drugs had closed...とhadを省略せずハッキリ発音しています。でもこの第2文では、hadはほとんど聞き取れません。ならば、hadは存在しないのではないか、とも思われます。ただ、managedの前に、ごく一瞬だけ間があります。そしてほんのわずかだけ、[d]を感じさせる響きがあるのです。ここからhadが、-'dとして存在すると推定できます。

　　より強力な反証例が、turn herです。完全につながっていて、英国を代表する画家Turnerとまったく同じ発音です。herのhは存在していません。文中のhで始まる機能語は、弱く発音される場合、hは落としていいのです。この規則は、royalな人であっても当てはまるのです。

② the effect can be the same.

　　BEではcanは「カーン」「カン」と発音される、と闇雲に思っている人がいます。でも、この例で明らかなように、canはBEでも「キャン」です。「キャン」はAEだけのものではありません（正確には英米で音質は異なります）。

　　なお、ここでのcanは強調されたときの音形です。通常、助動詞は肯定形だと、弱く発音されます。その場合、母音は[æ]のようなはっきりしたものではなく、[ə]などの弱いものが使われます。あいまいな発音となるので、ときには「カン」（ただしかなり弱くあいまい）にも聞こえます（例えばダイアナ元妃のEx 3、9行目のcan）。この音を聞いて、「やはりBEではcanはカンになる」と早合点する人がいます。でも、[kən]のような音形はAEでも現れます。

③ Isn't it normal not to be able to cope all the time?

　　イントネーションがポイントです。AEでは絶対現れないイントネーションが使われています。まず、Isn't it normalで下降調が使われています。この句全体で坂を駆け降りるような感じ（下降調）です。AEなら、この句は上昇調になるでしょう。not to be able to copeも同様です。ここでは下降調ですが、AEなら上昇調でしょう。

　　all the timeで上昇調が使われていますが、これはAEとは異質なものです。AEの上昇調は、基本的に句の初めから徐々に上がっていくパターンです。しかしここでは、allで高く、theで下がり、timeで上昇しているのです。これはAEではあまり使わない「分離降昇調」です。

　　なお、Isn'tのtがしっかり発音されています。きちんとしたRPを感じさせる個所です。というのも、BEであっても一般の人なら高確率でこのtを発音しません。「イズンネッ」のような発音は英国でも当たり前のように聞かれます。

Exercise 3

スピーチ全体の終盤、他の人たちの面倒を見る重い責任を引き受けてきた女性たちもまた面倒を見られる必要があるという主題を展開する場面です。イントネーションの響きにも注意しながら、何度も声に出して音読しましょう。

🔊 62

Those women who have taken on the heavy burden of
attending to others (①   ).
Not just for their own sake but for the good of us all.
Health and happiness taken at the cost of others' pain
and suffering cannot be acceptable.
Women have a right to their own 'peace of mind.'
Each person is born with individual qualities and potential.
(②   ) to create a truly supportive environment
into which they too can grow and move forward.
But if we are to help the quiet, desperate lives lived
behind closed doors by so many women,
they need to know for certain that they are not alone,
that real support and understanding is there for them.
I hope this conference will help us to understand the
needs of women more clearly and that you will find a
way of reaching them more effectively and help
(③   ).

(164 words)

※日本語訳は *p.*130 をご確認ください。

◆解答と解説◆

① **(...attending to others)** need also to be attended

attendedの強勢が-dedという極めて例外的な場所についています。直前に出てきた、attendingと対比するためです。またダイアナ元妃の発音は文末を低く、弱めに発音する傾向があります。その意味でも、ここは極めて例外的な読み方です。それだけに、このattendedはかなり印象に残るはずです。なおalsoのoの母音は[əʊ]です。

② We as a society owe it to women

上品な発音を凝縮したような個所です。まずsocietyの発音です。通常は[səsáɪəti]です。しかしダイアナ元妃は[səsá:əti]と発音しています。[aɪə]のような三重母音は、上品なRPでは[a:ə]（さらに[a:]となることも）となります。上品な人は声を張らず、口も大きく動かさないため、こういう変化が起きるのでしょう。

また、語末の-yの発音は、現代的なBEでは[i]です。でもダイアナ元妃はそこに[ɪ]を使っています。これは、昔ながらのRPの発音です。微妙な点ですが、これも上品さを醸し出しています。ただ、こういった発音は現在、王室などのごく一部の人たちと、映画や芝居の中でしか使われません。外国人がたどたどしい英語の中で使うと、奇妙な感じがします。

owe [əʊ]の音質も、上品な感じが伝わります。なお、womenの発音がかなりはっきりした[wímɪn]です。昭和の時代の年配の英語の先生は、womenを「ウィミン」のように言っていたものです。これは伝統的なRPの発音に近いのです。現代的なBEでは、-menの母音が[ə]に近づきつつあります。

③ to give them back their rightful, mentally healthy life

ダイアナ元妃の英語は、エマ・ワトソンやカンバーバッチの英語に比べ、どこか寂し気な感じがしないでしょうか。彼女の英語には昔ながらの貴族の話し方（イントネーション）が反映されており、それが寂し気な発音の原因です。

イントネーションは、発音上のひとまとまりの単位（音調句）に1つ被さるものです。現在の一般的なイントネーションは、最後が目立つように、最後で大きく高低差をつけて終わるのです。英語の句は、最後に重要な単語が来る構造になっているからです（筆者は「句末原則」と呼んでいます）。

ところが、彼女のような高貴な人々は、句全体を下り坂で発音します。出だしが高く、最後の単語は低い音程になるのです。最後が低いため、消え入るような弱々しい感じになってしまいます。だから寂し気に響くのです。

ここで取り上げたlifeはまさにそれです。healthyより明らかに低く発音されています。また、them backでもthemが高く、backでいったん下がっています。情報を伝える上では、代名詞（＝古い情報）themがbackより目立つのは不自然です。でもそれが高貴な雰囲気を醸し出しているのです。

日本語訳　Exerciseの内容理解に役立ててください。

● 8日目

Exercise 1

どんどん下へ。

ほかに何もすることがなかったので、アリスは
すぐにまた話し始めた。

「ダイナは今夜、私がいなくて寂しがるでしょ
うね、きっと！」

（ダイナとは飼いネコのこと）

「お茶の時間に、あの子にお皿でミルクをあげ
るのを誰かが覚えていてくれるといいんだけ
ど。

ああ、ダイナ！　お前がここで私と一緒にいて
くれたらよかったのに！

空中にはネズミが一匹もいないと思うけれど、
コウモリなら捕まえられるかもしれないし、コ
ウモリってほら、とってもネズミによく似てい
るでしょ。

でも、ネコってコウモリを食べるのかしら」

するとアリスはとても眠くなり、夢うつつの中
でこう独り言を言った。

「ネコはコウモリを食べるのかしら。ネコはコ
ウモリを食べるのかしら」。

そしてときどきこんなふうにも。「コウモリは
ネコを食べるのかしら」

Exercise 2

「お前さんは誰なんだい？」とイモムシは言っ
た。

これは、会話の出だしとしては好意的なもので
はなかった。

アリスは、おそるおそる答えた。「私は――私
はよくわからないのです。

今の時点では。少なくとも今朝起きたときには
自分が誰なのかわかっていたのですけど、その
後で何度も変わってしまったのだと思います」

「それはどういうことかね？」イモムシは厳し
い口調で言った。

「はっきり説明しなさい！」

「それが、よく説明できないのです。

なぜって、ほら、私は自分自身じゃないもので
すから」アリスは言った

「わからんね」イモムシは言った。

「それ以上はっきりと言い表せないのです」ア
リスはとても丁寧に答えた。

「というのも、そもそも自分でも何が起きてい
るのかわからないものですから。それに、1日
のうちに体の大きさがいろいろ変わったので、
とても頭が混乱してしまって」

「そんなことはないさ」イモムシは言った。

Exercise 3

「ここからどちらの方向へ行ったらいいのか、
教えていただけますか」

「それはまったく、お前さんがどこに行き着き
たいのかによるね」

チェシャ猫は言った。

「どこであっても、別に構わないのですけれど
――」アリスは言った。

「それなら、どの道を行こうが関係ないだろう
が」チェシャ猫は言った。

「――どこかに着きさえすればいいのですけれ
ど」

アリスは説明のために言い足した。

「おや、きっとどこかに着くさ、ただ、たっぷ
り歩きさえすればね」チェシャ猫は言った。

アリスは、これには反論できないと思ったので、
別の質問をしてみた。

「このあたりには、どんな方々が住んでいるの
ですか」

「あちらの方角には帽子屋が暮らしているよ」

チェシャ猫は右の前足をくるりと回しながら言
い、もう一方の手を振り上げてこうも言った。

「あちらに方角には三月ウサギが暮らしている。
どちらでも訪ねてみるといい。どっちもおかし
なやつだけどね」

● 9日目

Exercise 1

「さあワインをどうぞ」

三月ウサギは気前よく言った。

アリスはテーブルの上を見まわしたが、そこに
はお茶以外何もなかった。

「ワインなど見当たりませんわ」アリスは言っ
た。

「だって何もないからです」三月ウサギが言っ
た。

「だったら、ワインを勧めるなんて、あまり礼
にかなったことじゃないわ」アリスは憤慨して
言った。

「招かれもしないのに勝手に座るなんて、礼儀
知らずなのはあなたのほうです」三月ウサギが
言った。

「だって、これがあなたたちのテーブルだなん
て知らなかったのですもの。

三人よりずっと多くの人たちのための用意がし
てあるし」アリスは言った。

「あなたの髪の毛は短くしたほうがいいね」帽子屋が言った。

彼はさっきからずっとアリスを興味深そうに見つめていたが、これが彼の口から出た最初の言葉だった。

「人のことをあれこれ言ったりしてはいけないわ」

アリスは少し厳しい口調で言った。「それはとても無作法なことよ」

Exercise 2

すると女王様は、すっかり息を切らして試合をやめ、アリスに言った。「お前はもう、にせウミガメには会ったのかい？」

「いいえ」アリスは言った。

「にせウミガメとは何なのかは存じません」

「にせウミガメスープを作るための材料になるものじゃ」女王様は言った。

「それは見たことも聞いたこともございません」アリスは言った。

「では、こちらへ来るがいい」女王様は言った。

「あいつに命じてお前に身の上話を聞かせよう」

二人はすぐに、日だまりでぐっすり眠り込んでいるグリフォンを見つけた。

（グリフォンが何かわからなければ、挿絵を見ること）

「起きるのじゃ、この怠け者め！」女王様は言った。

「そしてこのお嬢さんを連れてにせウミガメに会いに行き、彼の身の上話を聞いてもらうのじゃ」

「わしは戻って、命じておいた処刑の監督をせねばならぬからな」。

そう言うと、女王様は立ち去り、アリスをグリフォンと二人きりにした。

Exercise 3

「いや、違う！」女王様は言った。

「まずは判決――評決はあとにせよ！」

「そんなのばかげているわ！」アリスは大声で言った。

「判決を先にするなんて考えは！」

「口をつつしめ！」女王は怒りで顔を真っ赤にして言った。

「いやです！」アリスは言った。

「そやつの首をはねるのじゃ！」女王様は声を限りに叫んだ。

誰も身動きしなかった。

「誰があなたたちなんか気にするものですか！」アリスは言った。

（このときまでに彼女はすっかり元の体の大きさに戻っていた）

「ただのトランプの束じゃないの！」

それを聞くと、すべてのトランプの札が空中に舞い上がり、彼女に飛びかかってきた。

すると彼女は小さな悲鳴を上げたが、その半分は恐怖、もう半分は怒りのせいだった。

そして、トランプの札たちを払いのけようとしていたら、いつの間にか川の岸辺に横たわっていた。

● 10日目
Exercise 1

シャーロック・ホームズはアパートで私と共同生活するという考えに乗り気なようだった。

「私はベーカー街のスイートルームに目をつけているんだが」彼は言った。

「まさにわれわれ二人にうってつけなんだ。君が強いタバコの匂いが気にならなければいいんだが」

「僕自身、いつも『海軍タバコ』を吸っていますよ」私は答えた。

「だったら問題ないね。私はいつも身近に化学薬品を置いていて、ときどき実験もするんだがね。それは君に迷惑かな？」

「いや、まったく」

「ええと、私の欠点はほかに何があったかな。私はたまに気分が落ち込んで、何日もずっと口を開かないことがあるんだ。

私がそうしても、君は私が不機嫌だと思ってはいけないよ。

一人にしておいてくれれば、すぐに普通に戻るから」

Exercise 2

「君は見てはいるが、観察はしていない。

その違いは明らかだよ。例えば玄関からこの部屋へと続く階段を頻繁に目にしているはずだ」

「何度もね」

「どれくらい？」

「まあ、何百回もだね」

「では、何段あるのかな？」

「何段？　さあ、わからない」

「まさにそれなんだ！　君は観察していなかった。だが、君の目には入っていたんだ。

それが私の指摘していることさ。

さて私がその階段は17段あることを知っているのは、見ると同時に観察していたからなんだ」

Exercise 3
「ワトソン君、君はまさに絶好のタイミングで来てくれたようだね」
彼は心底ありがたそうに言った。
「君には先約があるのではと思ったんだが」
「そうさ。まさにその通り」
「だったら、隣の部屋で待たせてもらうよ」
「いや、ぜんぜん構わないよ。さて、ウィルソンさん、こちらの紳士が私が首尾よく解決できた多くの事件で私の相棒であり協力者だった人物です。
あなたの事件でも、彼がこの上なく私の役に立ってくれることは間違いありません」
そこにいた太った男は椅子から少しだけ腰を浮かせると、一瞬、脂肪で囲まれた小さな目からいぶかしげな視線を私に向けて、会釈をした。
「そこの長椅子に座るといい」ホームズは言った。

● 11日目
Exercise 1
「あなたは何をしたのですか」ホームズは尋ねた。
「何も」
「何も？」
「実を言うと」──彼は細く白い手に顔を埋めた──
「私は何をしても無駄だと思っているんです。
まるで自分が、ヘビがにじり寄ってくるときの哀れなウサギのようだと感じています。
私は抵抗することのできない、情け容赦のない悪魔にでも取り憑かれているようで、どんなに用心や警戒をしても防ぎきれないのです」
「チッチッ！」シャーロック・ホームズは大きく舌打ちをした。
「やれやれ、あなたが行動しなければ、負けるだけです。
行動力だけがあなたを救うことができるのです。
今は絶望などしている場合ではありません」

Exercise 2
「私の仕事には危険が付きものなのです」と私は言った。
「それは危険なのではない」と彼は言った。

「避けることのできない破滅なのだ。
君は、一人の人間だけでなく強大な組織にとって邪魔になっている。
君がいかに賢くても、その全貌を理解することができていない。
ホームズ君、君は引き下がらねばならない。さもなければ、踏みつぶされることになる」
「残念ながら」私は立ち上がりながら言った。「この会話がとても楽しいので、別の場所でするべき大事な仕事を忘れてしまうところでした」
彼も立ち上がり、黙ったまま私を見つめ、残念そうに首を振った。
「さて、さて」と彼はようやく言った。

Exercise 3
「残念だが、私はできる限りのことはした。
私は君の手の内はすべて知っている。
君は月曜日まで何もできない。
これは君と私の一対一の決闘だ、ホームズ君。
君は私を被告席に立たせたいと思っている。
はっきり言おう、私は決して被告席に立つことはない。
君は私を打ち負かしたいと思っている。
はっきり言うが、君が私を打ち負かすことは決してしない。
もし君が私に破滅をもたらすほど賢いのであれば、私も必ず君を同じ目にあわせるだろう」
「モリアーティさん、あなたは私にいくつか褒め言葉をかけてくれました」
私は言った。
「私にもあなたに一つお返しをさせてもらいましょう。
もし前者の事態（モリアーティ教授が破滅すること）が確実になるのであれば、私は一般市民の利益のために、後者（自身が破滅すること）を喜んで受け入れるでしょう」

● 12日目
Exercise 1
ありがとうございます。
2年前、私はニューヨークの国連「HeForShe」というキャンペーンについて発表しました。
私はそこでスピーチをする前にはとても緊張しました。
その緊張のすぐ後には、途方もない高揚感が続き、その数日後には惨めなほど落ち込みました。
私の最高の期待と最悪の失望が同時に現実のものとなったのです。

私は「パンドラの箱」を開けてしまい、総立ちの拍手喝采とほとんど同時に、人生で経験したことのないほどの酷評の嵐と、一連の脅迫が始まったのです。

これまでの2年間は、控えめに言っても厳しい試練でした。

そこでは、自分がどれだけ物事を知らないのか、そしてどれだけ知っているのかを身をもって学びました。

Exercise 2

それこそ、私たちがしていることなのです。

私たち、多様なフェミニスト運動の集団は、押しとどめることのできない流れを生み出していて、流れを生み出すにはあらゆる年齢、人種、能力、職業、そしてあらゆる人間の経験から発せられる波紋を必要としているのです。

ジェンダーの平等は、私たちがここに集まって議論しているそのほかの目標と同じくらい重要だと私は感じています。

そして実際には、むしろ、それ（ジェンダー平等）は私たちが直面しているそのほかのあらゆる問題と関わっているので、よりいっそう重要なのです。

私たちは誰でも自分の中に女性的なエネルギーと男性的なエネルギーを持っていて、どちらの力も奮い起こし、尊重する必要があります。

私たちは世界を動かすために一丸となって取り組む必要があるのです。

Exercise 3

みなさんに、少しだけ時間を取っていただきたいと思います。

目を閉じたままでも、開けままでも結構ですが、次の言葉の中にあなたにとっての真実が含まれているかどうか、自分に尋ねてみてください。

私は目立つことを厭わない。

私は言いたいことを言う。

私はこのまま進み続ける。

私は人が真剣に言うことにじっと耳を傾ける。

私はたとえ自分が孤独だと感じても前に進む。

私は毎晩、安らかな心とともにベッドに入る。

私は最大、最高、最強の自分になる。

結局のところ、何だかんだ言っても、私はそのようにして自分の人生をずっと生きていきたいと思うのです。

● 13日目

Exercise 1

1945年1月29日。

愛する君へ。

戦争捕虜の兵士がみな帰還できることになったと聞いた。

とても温かい気持ちになったよ。

うれしい、すばらしい、衝撃的だ。

何と言っていいかわからないし、考えられない。

遅くなったって構わない。この決定こそがすべてさ。

最初の数日間は家で過ごさないとね。

どこかでパーティーをするのもいい。

何よりも君と一緒にいなくては。

君を温め、包み込み、愛し、優しくしなくては。

まだ結婚はしたくないんだが、その点は賛成してほしい。

Exercise 2

戦場で僕は君や僕の母や僕自身を思って怖かったんだ。

時を待とう、僕の愛しい君よ。会ってともに過ごそう、互いを知り合おう、でも今、過ちを犯さぬようにしよう。

髪がすっかりなくなってしまう前に会えるのがどんなにいいことか。

頭のてっぺんにまだいくぶんかは髪が残っているよ。

最近の出来事をここにしたためるのはやめておこう。

もうすぐ君に直接すべてを話せるのがわかっているからね。

今、僕が目を留めているのは君からの初めての手紙だ。

君は僕が無事なはず、次に僕が君のところに戻ってくるはずだと書いている。

どこかで一緒に一週間ほど過ごそう。

ボスコムやボーンマス以外のどこかがいい。

一緒にいるところを思い浮かべてごらん。

美しい君よ！

Exercise 3

どれくらい休暇がもらえるかはわからない。

短くて14日間、長くてひと月くらいだろう。

イングランドに着いたら君にどうやって知らせようか。

手紙より電報のほうが速いだろう。同じ島にいるのだと君に知らせたいと思っている。

また別の手紙を送るけれど、もうロンドン行きの電車に乗るところだから着いたと思う頃に0509番のリー・グリーンに電話をかけてみてほしい。

変な気持ちだよ。もう出発するようにも思えないし、うまく書けない。

頭に浮かぶのは「家に帰れる！ 彼女に会える！」ということだけだ。

これは告解の火曜日やクリスマスやロンドン市長の晩餐会のように事実で、本当のことで、近い将来に起きる出来事だ。

家に帰るということがいかにすばらしいことかは外国に行って親しい者や家から完全に切り離されなければわからないものだ。

● 14日目
Exercise 1

どこからお話ししましょう。

私がターニングポイントでの仕事を通じて話をした人たちによれば、ことの始まりは、私たちの社会では女性は面倒を見る人、つまり、何にでも対応してくれる人だと思われていることのようです。

人生で何が起ころうとも、女性たちはいつも何とかするのです。

1日24時間・週7日体制で、子どもが病気であっても、夫が失業中でも、親が高齢で体が弱っていて世話をする必要があっても、女性たちは何とかするのです。

食事を作ったり、掃除をしたり、仕事に出かけたり、周囲の人たちの要求に応えたりして──何でもこなすのです。

女性たち自身が産後のうつ病を患っていたり、家庭内暴力の被害にあっていたり、家計をやりくりするために疲労とストレスでぼう然となりながらも頑張っていたりするかもしれません。

それでも彼女たちは何とか頑張るのです。

Exercise 2

そのような薬の影響で彼女は人として機能しなくなっていたのでした。

薬は彼女を不安に駆られるゾンビに変えていたのです。

ようやく、今、またどうやって生きて、自分がそうなるべく生まれてきた人間にどうやってなれるかを学べるようになったのです。

このような薬が純粋に彼女を救おうとして与え

られたものであろうと、彼女を落ち着かせ、周囲に受け入れられるようにするための手段として提供されたものであろうと、その影響は同じかもしれません。

このような薬は女性をより受動的にして、規範に適応させる傾向があります。

しかし、それは誰にとっての規範でしょうか。

いつ、いかなるときも物事に対処できないのは正常ではないのでしょうか。

人生に不満をもつのは、男性だけでなく女性にとっても正常ではないのでしょうか。

怒りを感じて、自分が傷つく状況を変えたいと思うのは正常ではないのでしょうか。

Exercise 3

ほかの人の面倒を見るという重い責任を引き受けてきた女性たちもまた、面倒を見てもらう必要があります。

単に本人のためだけでなく、私たち全員の（利益の）ために。

他人の心の痛みや苦しみという代償を払って得られる健康や幸せは、受け入れられません。

女性には自分自身の「心の平和」を求める権利があります。

人はそれぞれ自分なりの資質と可能性を持って生まれてくるのです。

私たちが社会全体で真に支援できるような環境を作るためには女性の力が必要であり、女性たちもそこで成長して前進していけるようにすべきです。

しかし、閉ざされたドアの中で沈黙と絶望に満ちた生活を送っている非常に多くの女性たちを私たちが支援するのであれば、彼女たちに、あなたは一人ではないし、あなたのために真の支援と理解が用意されていると確実に知らせる必要があります。

この団体が、女性のニーズを私たちがより明確に理解するのに役立ち、みなさんがより効果的に女性に手を差し伸べる方法を見つけ、女性が本来の精神的に健康的な生活を取り戻すために役立つことを願っています。

小川直樹

英語音声学者。津田塾大学非常勤講師。1961 年東京生まれ。上智大学
大学院言語学専攻博士前期課程修了。1998 年、イギリスのレディング
大学で研修。立教女学院短大、聖徳大学などで教授を務めたのち、2013
年にコミュニケーションのコンサルティング会社 Heart-to-Heart
Communications (http://www.hth-c.net/) を設立。代表取締役に
就任。20 年以上の女子大での教育経験と教員研修での指導経験を基に、
英語発音・プレゼン技法・人間関係の技法などを一般向けに伝えてい
る。また、小学校などの教員研修も数多く手がけている。現在、ストア
カでオンライン講座を随時開講している。著書は『イギリス英語発音教
本』、『イギリス英語で音読したい！ UK 音読パーフェクトガイド』（と
もに研究社）、『耳慣らし英語リスニング 2 週間集中ゼミ』、『英語の発音
直前 6 時間の技術』（ともにアルク）、『イギリス英語を聞く THE RED
BOOK』（コスモピア）、『人前で話すための 聞いてもらう技術』（サン
マーク出版）ほか多数。YouTube「小川直樹の英語発音動画」では、「ア
ゲアゲ English! 」シリーズ等の新作をたえずアゲている。またアメブ
ロ「もっと通じる英語の発音！」も随時更新中。

2 週間で攻略！
イギリス英語の音読ゼミ

2023 年 1 月 5 日　第 1 版第 1 刷発行

著者：小川直樹

校正：高橋清貴
カバー・表紙：稲野清（B.C.）
本文デザイン：松本田鶴子
イラスト：ナリコウチハラ
写真：iStockphoto

発行人：坂本由子
発行所：コスモピア株式会社
〒 151-0053 東京都渋谷区代々木 4-36-4 MC ビル 2F
営業部：Tel: 03-5302-8378 email: mas@cosmopier.com
編集部：Tel: 03-5302-8379 email: editorial@cosmopier.com

https://www.cosmopier.com/（会社・出版物案内）
https://e-st.cosmopier.com/（コスモピア e ステーション）

印刷・製本／シナノ印刷株式会社
音声編集・制作／門間朋之

https://e-st.cosmopier.com/

＊コンテンツは毎月増えていきます。

※左ページ掲載のサービスの料金、内容は予告なく変更されることがあります。
最新の情報は上記サイトでご覧ください。

まずは無料会員登録から

● 無料会員登録をしていただくと、「聞き放題」コースのコンテンツを毎月3本まで、「読み放題」コースの Chapter 1 コンテンツを毎月3本までご利用いただけます。
● 学校や塾での利用については、inquiry@cosmopier.com までメールでお問い合わせください。

全タイトル音声付き

世界文学のリライトや、カルチャー情報など。
ノンフィクションやビジネス書も多数。

音声録音機能付き

日々のニュース、スターの
インタビュー、ネイティブのなま会話など、
音声を使ってシャドーイングしよう！

いつでもどこでも英会話レッスン！

・今すぐレッスン（回数無制限）
・1レッスン25分
　レッスンはPC、スマートフォン、タブレットで受講可能

■ご利用には「ネイティブキャンプ」
　へ登録が必要となります。

話し放題特設ページはこちら

セットコース

聞く 📖 ＋ 読む 📖

毎月 **990** 円（税込）

聞き放題コース、読み放題
コースの両方がご利用いた
だけるお得なセットコース

ご利用ユーザーの声

😊 現在多読100万語をめざしております。
　スマホ一台でいつでもどこでも本を読める上に、本の語数や難易度があらかじめわかっているので、通勤などの細切れの時間でも、その時間内で読みきれそうな本を検索することができます。（40代前半、女性）

😊 eステはやさしいレベルの蔵書に良い内容、面白い内容の本が揃っています。日本人が関心を持ちそうな題材を開発することにも長けていて、学生に推薦する本に困ることがないです。Magic Adventuresシリーズは面白いですね。
（学校版をお使いの先生）

本書へのご意見・ご感想をお寄せください。

本書をお買い上げいただき、誠にありがとうございます。

今後の出版の参考にさせていただきたいので、ぜひ、ご意見・ご感想をお寄せください。（PC またはスマートフォンで下記のアンケートフォームよりお願いいたします）

アンケートにご協力いただいた方の中から抽選で毎月 10 名の方に、コスモピア・オンラインショップ（https://www.cosmopier.net/）でお使いいただける 500 円のクーポンを差し上げます。（当選メールをもって発表にかえさせていただきます）

http://bit.ly/3EWdqYu